Dr. Pierre Dukan

Das Dukan Diät Kochbuch

Einleitung: Meine Diät in Kürze

4

6 Die wichtigsten Nahrungsmittelgruppen
8 Einfallsreiche Rezepte
10 Die 100 Lebensmittel
11 Proteine – die Katalysatoren meiner Diät
12 Meine Vier-Phasen-Diät
13 Regel 1: Nur Proteine in der Angriffsphase
17 Regel 2: Reichlich Wasser trinken
21 Regel 3: Mit Salz sparsam umgehen
24 Wichtige Zutaten

Rezepte Teil 1: Angriffsphase

26

26 Geflügel
40 Fleisch
56 Eier
62 Fisch & Meeresfrüchte
80 Galettes
92 Süßes

Rezepte Teil 2: Aufbauphase

126 Geflügel
146 Fleisch
176 Eier
186 Fisch & Meeresfrüchte
212 Gemüse
234 Desserts

240 Saucen (Phase 1 und 2)

Anhang

250 Register
256 Impressum

Meine Diät in Kürze

Als ich meinem Verleger das Manuskript für dieses Buch übergab, tat ich dies in dem Bewusstsein, damit ein Lebenswerk vollendet zu haben. Es bestand darin, zunächst mir selbst, dann meinen Patientinnen und Patienten und schließlich meinen zukünftigen Lesern eine Methode zur Bekämpfung des Übergewichts an die Hand zu geben – meine Methode, die ich im Laufe meiner über 30-jährigen Praxis als Arzt erarbeitet hatte.

Damit meine Diät auch Ihre wird

Meine Laufbahn als Experte in Ernährungsfragen begann mit einer Innovation, mit der ich mir den Zorn meiner damaligen Kollegen zuzog, den Wegbereitern und fanatischen Verfechtern des Kalorienzählens, Abwiegens und der kleinen Portionen. Da kam ich mit meiner Proteindiät.

Ich war noch sehr jung und hätte leicht den Mut verlieren können, hätten mich nicht die Wirksamkeit und Unkompliziertheit dieser perfekt auf die Psyche des Übergewichtigen zugeschnittenen Diät darin bestärkt, meinen Weg weiterzugehen und mein Schiff, das gerade Fahrt aufgenommen hatte, auf Kurs zu halten.

Einfallsreichtum und Kreativität wurden mir gewissermaßen in die Wiege gelegt, und was lag da näher, als diese Talente auf dem Gebiet einzusetzen, auf dem ich mich am besten auskannte und das ich am besten beherrschte: dem des Übergewichts. Dabei ging es mir vor allem um das Verhältnis des Menschen zu seinem Gewicht. Im Laufe der Jahre habe ich diese Diät im täglichen Umgang mit meinen Patienten immer weiterentwickelt, habe immer wieder Neues ausprobiert – einiges auch wieder verworfen – und nur das beibehalten, was kurz-, mittel-, vor allem aber langfristig ihre Wirksamkeit und Verträglichkeit verbessert hat.

Ein weltweiter Erfolg

So hat sich Schritt für Schritt die Methode herauskristallisiert, die heute meinen Namen trägt. Als ich sie niederschrieb, hätte ich mir nicht träumen lassen, dass mein Buch auf ein derart großes Interesse stößt, dass es übersetzt und in so fernen Ländern wie Bulgarien, Korea oder Thailand veröffentlicht werden würde; und die vielen Sympathiebekundungen meiner Leserinnen und Leser hätte ich schon gar nicht erwartet.

Die Werbetrommel zu rühren, war zu meinem Erstaunen eigentlich gar nicht nötig, denn das Buch hat sich praktisch ganz von selbst verkauft, indem es von Hand zu Hand, von Forum zu Forum und seit kurzer Zeit auch von Arzt zu Arzt weitergegeben wurde.

Die wichtigsten Nahrungsmittelgruppen

Mein Programm stützt sich auf zwei große Nahrungsmittelgruppen:

- Nahrungsmittel, die viel tierisches Eiweiß enthalten und
- Gemüse.

Diese beiden Gruppen bilden meines Erachtens die natürliche Grundlage der menschlichen Ernährung. Nicht umsonst ernährten sich davon vor gut 50 000 Jahren unsere Vorfahren.

DANK AN ALLE DUKAN-KÖCHINNEN UND -KÖCHE

Seit das Buch auf dem Markt ist, habe ich viele Sympathiebekundungen erhalten, aber auch kritische Briefe und konstruktive Anregungen. Dazu zählte die dringende Bitte, meine Diät um ein weiteres Rezeptbuch zu ergänzen. Diesem Wunsch komme ich hiermit nach.
Bei der Zusammenstellung der speziellen Dukan-Rezepte konnte ich von den Beiträgen all derer profitieren, die beim Abnehmen an Gewicht verloren, aber an Erfindungsreichtum gewonnen haben. Es ist mir leider unmöglich, alle namentlich zu erwähnen, doch wo immer es für mich machbar war, habe ich den Namen desjenigen angegeben, der das Rezept zuletzt verändert hat.

Die Entstehung von Ernährungsgewohnheiten

Ursprünglich war der Mann aufgrund seiner Konstitution und seiner Geschmacksvorlieben auf Jagd und Fischfang „programmiert“, während sich die Frau auf das Sammeln von Pflanzen konzentrierte. Dadurch wurden diese Nahrungsmittel schon bald zu „Grundnahrungsmitteln“, zu wertvollen und für den Menschen besonders geeigneten Lebensmitteln, und das nicht nur im Hinblick auf ihre ernährungsphysiologischen Eigenschaften. Spielten sie doch auch eine wichtige Rolle im Hinblick auf das Gewicht und – was noch interessanter ist – es verband sich damit auch eine emotionale Bedeutung.
Und diese Bedeutung hat sich in den letzten 50 000 Jahren – durch die Entwicklung, die diese Nahrungsmittel gemeinsam mit dem Menschen vollzogen haben – noch gesteigert.
Es ist offensichtlich, dass der Mensch nicht mehr ist, was er einmal war, dass er kein Jäger und Sammler mehr ist, dass er sesshaft geworden ist, dass er Ackerbau und Viehzucht betreibt, dass er Zivi-

lisationen aufgebaut hat, dass er sich die Natur untertan gemacht hat und dass er sich von ihr das nimmt, worauf er Lust hat, einschließlich seiner Nahrung, die er heute eher als Genussmittel denn als Nährstofflieferanten begreift.

Dadurch hat sich die Ernährung stark verändert, und wir essen zahlreiche Dinge, für die wir eigentlich nicht geschaffen sind. Essen wird immer mehr zum reinen Genuss, denn diese „neuen" Lebensmittel sind äußerst verführerisch und außerdem sehr nahrhaft, sie sprechen unsere Sinne und Gefühle an – aber sie machen leider auch dick. Unser Problem besteht also darin, nicht weiter zu-, sondern abzunehmen.

Zunahme von Fetten und Kohlenhydraten in der Ernährung

In den letzten 50 Jahren ist bei zwei Hauptnährstoffen – den Fetten und den Kohlenhydraten, die lange als seltener Luxus galten – ein rasanter Anstieg zu verzeichnen. Doch gerade Nahrungsmittel mit hohem Fett- oder Zuckergehalt, von denen die Regale in den großen Supermärkten heute überquellen und die es noch nicht gab, als sich unser Körper und vor allem unser Gehirn entwickelte, haben einen extrem hohen „Belohnungswert". Vor 50 000 Jahren nahm niemand Fett zu sich, denn die Tiere, die man jagte, waren mager. Und man nahm auch keinen Zucker zu sich, denn man kannte noch keine Saccharose.

Richtig abnehmen

Es geht mir nicht darum, für eine Rückkehr zu den frugalen Speisen des Höhlenmenschen zu plädieren, sondern ich möchte deutlich machen, dass es keineswegs belastend ist, sich während des Abnehmens auf die ursprünglichen Nahrungsmittel beschränken zu müssen.

Mir ist bekannt, dass die meisten Ernährungswissenschaftler eine ausgewogene Ernährung mit stärkehaltigen Lebensmitteln, Getreide, Kohlenhydraten und „guten" Fetten empfehlen, und auch ich bin generell von der Richtigkeit dieses Ansatzes überzeugt, allerdings nicht in der akuten Abnehmphase. In den gut 30 Jahren, in denen ich an der Seite meiner Patienten gegen Übergewicht kämpfe, bin ich zu der Überzeugung gelangt, dass eine solche ausgewogene Ernährung vollkommen ungeeignet ist, um den Abnehmprozess in Gang zu setzen. Wer meint, man könne abnehmen und dabei gleichzeitig eine optimale, ausgewogene Ernährung gewährleisten, der lässt die Psyche und die Probleme übergewichtiger und adipöser Menschen außer Acht.

Abnehmen heißt Krieg führen, und um diesen Krieg zu gewinnen, muss am Ende ein dauerhafter Frieden stehen. Doch jeder Kampf ist mit Anstrengungen verbunden und bedarf einer unerschütterlichen Standhaftigkeit. Wären die Dicken in der Lage, Gewicht zu verlieren, indem sie von allem nur ein bisschen essen – und dabei auch noch auf Ausgewogenheit achten –, wären sie nicht dick. Die Gesetze der Thermodynamik lassen sich nun einmal nicht einfach auf das Ernährungsverhalten des Menschen übertragen. Die energetische Erklärung des Übergewichts – man wird dick, wenn man zu viel isst und sich zu wenig bewegt – ist zwar richtig, sagt aber nichts über das Wie und Warum.

Warum wir zunehmen

Wenn Sie zugenommen haben – und zwar in einem Maße, dass es Sie stört –, dann liegt das daran, dass es Ihnen beim Essen nicht um die bloße Nahrungsaufnahme geht. Ohne Sie zu kennen, kann ich Ihnen versichern: Das, was in Ihrer Ernährung dazu geführt hat, dass Sie dick geworden sind, waren mit Sicherheit nicht die Dinge, die Sie gegessen haben, um sich zu ernähren, sondern vielmehr das, was Sie sich nebenher gegönnt haben, um sich eine Freude zu machen oder Stress abzubauen. Und genau dieses unwiderstehliche Verlangen nach Genuss, das dazu führt, dass man zunimmt, was zur Folge hat, dass man sich dafür verurteilt, dass man leidet und ein schlechtes Gewissen bekommt, ist die wahre Ursache Ihrer Gewichtsprobleme.

Verlangen nach Genuss

Durch den täglichen Austausch mit meinen Patienten, durch ihre Erfahrungsberichte bin ich im Laufe der Jahre zu folgender Erkenntnis gelangt: Ist das unbewusste Verlangen nach Genuss so stark, dass es Vernunft und schlechtes Gewissen ausschalten kann, dann liegt das daran, dass es vorübergehend oder dauerhaft an anderen Quellen fehlt, aus denen man Freude und Befriedigung schöpfen kann. Und meist ist der Auslöser, der einen dazu bringt, zu reagieren und die notwendige Energie aufzubringen, um den Kampf gegen das Übergewicht aufzunehmen und auf die Ersatzbefriedigungen zu verzichten, die dafür verantwortlich sind, die Erkenntnis, dass in anderen Lebensbereichen Freuden warten, die auf bessere Zeiten hoffen lassen.

➡ Rasche Erfolge motivieren

In diesen besonderen Augenblicken, die nur allzu schnell wieder vorbei sein können, verlangen die Übergewichtigen nach einer Diät, die rasch konkrete Erfolge zeigt. Nur so kann man sie in ihrer Hoffnung und Motivation bestärken, die sich im Falle einer Stagnation oder eines Misserfolgs nur allzu schnell wieder in Luft auflösen können.
Deshalb sollte meine Diät möglichst wirkungsvoll und von dauerhaftem Erfolg sein. Wobei ich mein Berufsethos als Mediziner und das Interesse meiner Patienten nie aus den Augen verloren habe.

Einfallsreiche Rezepte

Lange Zeit glaubte ich, der Primat der Wirksamkeit könnte zu Lasten des Geschmacks und der Abwechslung der Speisen gehen. Doch da hatte ich den Einfallsreichtum und die Kreativität meiner Patienten und Leser unterschätzt. Sind sie doch in hohem Maße motiviert und haben es sich zur Aufgabe gemacht, anhand der von mir vorgegebenen Zutaten, Zubereitungsarten und Kombinationen immer neue Gerichte zu entwickeln.

So sind in fünf Jahren mehrere Tausend Rezepte bei mir eingegangen. Überrascht hat mich auch, wie sehr es denen, denen es gelungen war, ein gutes Rezept zu finden, am Herzen lag, andere daran teilhaben zu lassen. An dieser Stelle möchte ich mich auch herzlich bei den Usern der wichtigsten Foren für die zugesandten Rezepte bedanken, die mir eine wertvolle Hilfe waren. Es sind zu viele, als dass ich sie an dieser Stelle namentlich nennen könnte.

Zwei Rezeptteile für zwei Diätphasen

Die Einteilung der Rezepte entspricht den verschiedenen Etappen meines Diätprogramms, das in vier Phasen gegliedert ist. Die Gewichtsabnahme erfolgt in den ersten beiden Phasen, der Angriffs- und der Aufbauphase. Daran schließen sich die Stabilisierungs- und die Erhaltungsphase an. Hier geht es darum, das erreichte Wunschgewicht zu halten.

Die Rezepte sollen, insbesondere in den beiden ersten Phasen, gewährleisten, dass die Mahlzeiten schmackhaft, sättigend und abwechslungsreich sind. In der Stabilisierungs- und Erhaltungsphase ist das Spektrum so groß, dass es den Rahmen einer Rezeptsammlung sprengen würde. Das soll jedoch nicht heißen, dass es nicht auch noch ein Rezeptbuch für die Erhaltungsphase geben wird. Lassen Sie sich überraschen ...

Sie werden hier also zwei große Gruppen von Rezepten finden: Rezepte für die reine Proteindiät (Angriffsphase), in denen ausschließlich Lebensmittel mit hohem Eiweißgehalt verwendet werden, und Rezepte, in denen Proteine mit Gemüse kombiniert werden (Aufbauphase).

Diese Rezepte wurden auf der Grundlage der 100 Lebensmittel entwickelt, die im Rahmen meiner Diät in beliebigen Mengen, zu beliebigen Zeiten und in beliebiger Kombination erlaubt sind. Voraussetzung dafür ist allerdings, dass in den ersten beiden Phasen, den eigentlichen Abnehmphasen, in denen das Wunschgewicht erreicht werden soll, keinerlei unerlaubte Lebensmittel konsumiert werden.

DIE 100 LEBENSMITTEL

Die folgenden 100 Lebensmittel dürfen in den ersten beiden Phasen meiner Diät nach Belieben konsumiert werden. (Mehr zu ernährungsphysiologischen Eigenschaften und geeigneten Zubereitungsarten erfahren Sie unter www.dukandiaet.com.)

Reine Proteine (72)

- **Fleisch:** Bündnerfleisch/Bresaola, Kalbskotelett, Kalbsleber/Rinderleber, Kalbsschnitzel, Kaninchen, Innereien, Rinderfilet, Rinderlende, Rindersteak, Rinderzunge (vordere Hälfte)/Kalbszunge/Lammzunge, Roastbeef, Rumpsteak, Wurstwaren aus magerem Schinken (< 3 % Fett), Wild (Reh, Hirsch, Hase, Wildente)
- **Geflügel:** Fasan, Geflügelleber, Hähnchen, Hähnchenschinken, Perlhuhn, Pute, Putenschinken, Rebhuhn, Straußensteak, Stubenküken, Taube, Wachtel
- **Fisch:** Barsch, Forelle, Goldbrasse, Hecht, Heilbutt/Heilbutt (geräuchert), Hering, Kabeljau/Dorsch, Karpfen, Lachs/Lachs (geräuchert), Makrele, Rochen, Rotbarbe, Saibling, Sardine, Schellfisch, Schwertfisch, Seelachs, Seeteufel, Seezunge, Steinbutt, Surimi, Thunfisch/Thunfisch im eigenen Saft, Wels, Zander
- **Meeresfrüchte:** Austern, Garnelen, Herzmuscheln, Hummer, Jakobsmuscheln, Krabben, Langusten, Langustinen/Scampi/Kaisergranaten, Miesmuscheln, Riesengarnelen, Taschenkrebs/Flusskrebs, Tintenfisch/Kalmar, Venusmuscheln
- **Eier:** Hühnerei, Wachtelei
- **Pflanzliche Proteine:** Konjak-Nudeln (Shirataki), Seitan, Tofu
- **Milchprodukte:** reine Buttermilch (< 1 % Fett), Frischkäse (0,2 % Fett), Körniger Frischkäse (0,1 % Fett), Magermilch, Naturjoghurt/mit Süßstoff gesüßter, aromatisierter Joghurt (0,1% Fett), Quark (0,2 % Fett)

Gemüse (28)

Artischocke, Aubergine, Blattsalate, Blumenkohl, Brokkoli, Champignons, Chicorée, Feldsalat, Fenchel, Grüne Bohnen, Kohl (Weißkohl, Rotkohl, Grünkohl, Wirsing), Kürbis, Lauch, Möhre, Palmenherzen, Paprika, Radieschen/Rettich, Rhabarber, Rosenkohl, Rote Bete, Salatgurke, Sellerie, Soja, Spargel, Spinat, Tomaten, Zucchini, Zwiebeln

Proteine – die Katalysatoren meiner Diät

Für alle, die meine Diät nicht kennen und die mein Buch „Die Dukan-Diät" nicht gelesen haben, möchte ich hier noch einmal kurz die wichtigsten Punkte und Besonderheiten meines Programms zusammenfassen:

Absoluter Dreh- und Angelpunkt der Diät sind die Proteine. Mit ihnen hat meine Reise durch die Welt der Ernährung begonnen, und ihrer Zusammenstellung habe ich einen guten Anteil meiner praktischen Arbeit gewidmet.

Der Kampf gegen Kalorienreduktion

1970 habe ich in Frankreich das erste ausschließlich auf Proteinen basierende Diätprogramm auf den Markt gebracht. Die Beschränkung auf einen einzigen Nährstoff stieß zunächst auf Ablehnung. Stellte dies doch einen absoluten Verstoß gegen das damals unangefochtene Dogma der Kalorienreduktion dar. Erst jetzt hat sich meine Methode als Waffe gegen Übergewicht durchgesetzt. Wenn sie auch noch nicht unangefochten an erster Stelle rangiert, wie sie das meines Erachtens nach tun müsste. Denn jede Diät braucht einen Katalysator, der die Gewichtsabnahme in Gang setzt. Ansonsten bleibt die gewünschte Wirkung aus.

Doch noch immer beherrschen jene konservativen Diäten das Feld, die den neueren Erkenntnissen und Statistiken in keiner Weise Rechnung tragen und die mit dafür verantwortlich sind, dass die Zahl der Übergewichtigen von Jahr zu Jahr zugenommen hat, noch immer stark zunimmt und auch weiterhin zunehmen wird: die kalorienreduzierten Diäten, das heißt die strenge Beschränkung auf kleine Mengen.

Selbst namhafte Kollegen halten an dieser Position fest. Die Vertreter einer psychologisch ausgerichteten Theorie gehen sogar so weit zu behaupten, dass erst der Entzug von Essen zu einer Gewichtszunahme führe, dass man zwar am Anfang einer Diät sehr schnell abnimmt, dann aber genauso schnell wieder zunimmt, und zwar häufig mehr, als man abgenommen hat, das heißt, dass der sogenannte Jo-Jo-Effekt eintritt. Eine Diät sei daher eine Art programmierte Gewichtszunahme.

Derartige Fälle gibt es zwar, und sie sind auch mir schon untergekommen, doch sind sie keineswegs die Regel und treten eher bei einseitigen Diäten wie der Suppendiät oder der Hollywood-Diät mit exotischen Früchten, bei den langen und frustrierenden kalorienreduzierten Diäten oder bei „Tütendiäten" aus der Apotheke auf. Dabei wirken sich Letztere in zweifacher Hinsicht negativ aus: einerseits auf das Essverhalten durch eine ausschließlich auf Pulver beschränkte Ernährung und andererseits auf den Stoffwechsel, weil der Körper fast ausschließlich mit nur einem Nährstoff versorgt wird.

Notwendige Erhaltungsphase

All diese Diäten haben eines gemein: Sie lassen völlig außer Acht, dass der Patient nach dem erfolgreichen Abschluss einer Diät einer Stabilisierung bedarf, um nicht – aus Begeisterung über seinen Erfolg oder weil er sich auf der sicheren Seite wähnt – wieder rückfällig zu werden. Um das Gewicht dauerhaft halten zu können, braucht man ein Monitoring mit präzisen, konkreten und wirkungsvollen Regeln, die leicht zu merken und in Rituale eingebunden sind; ein Monitoring, das den Betroffenen mit Rat und Tat zur Seite steht, wenn es gilt, Schwierigkeiten und Blockaden zu überwinden. Nur mithilfe eines umfassenden Maßnahmenpakets lässt sich Rückschlägen entgegenwirken.

Meine Vier-Phasen-Diät

Mein Programm in seiner heutigen Form umfasst vier aufeinander aufbauende Diäten oder Phasen, die den Abnehmwilligen erstens zu seinem Zielgewicht führen und es ihm zweitens ermöglichen, dieses Gewicht zu halten. Die vier Phasen sind so konzipiert, dass man dabei unterschiedlich stark an Gewicht verliert.

- Das Programm beginnt mit einer Blitzdiät, die für eine deutliche, motivierende Gewichtsabnahme sorgt (Angriffsphase).
- Daran schließt sich eine Phase der langsamen, kontinuierlichen Abnahme an, an deren Ende man sein Wunschgewicht erreicht haben sollte (Aufbauphase).
- Die dritte Phase dient der Stabilisierung des noch instabilen Wunschgewichts. Sie ist auf eine Dauer von zehn Tagen pro verlorenem Kilo angelegt.
- Die vierte Phase schließlich dient der dauerhaften Erhaltung des Gewichts.

Jede der vier Phasen wirkt auf unterschiedliche Weise und hat eine andere Funktion. Immer jedoch spielen Proteine eine besondere Rolle. In der Angriffsphase sind ausschließlich Proteine erlaubt, die in der Aufbauphase mit Gemüse kombiniert werden. In der Stabilisierungsphase kommen weitere Lebensmittel hinzu, und in der Erhaltungsphase wird wöchentlich ein Proteintag eingelegt. Die Angriffsphase, die die Gewichtsabnahme in Gang setzt, dauert zwei bis sieben Tage, abhängig davon, wie viel Sie abnehmen wollen. Der Erfolg wird Sie in jedem Fall überraschen. Die Aufbauphase soll Sie zu Ihrem Wunschgewicht führen. Auch in der Stabilisierungsphase werden Proteine noch punktuell eingesetzt.
In der Erhaltungsphase müssen Sie nur noch einmal pro Woche einen Proteintag einlegen – allerdings für den Rest Ihres Lebens. An den übrigen Tagen dürfen Sie guten Gewissens und ohne nennenswerte Einschränkungen essen, was Sie möchten. Damit Sie das Potenzial der Dukan-Diät wirklich in voller Gänze ausschöpfen können, möchte ich im Folgenden auf die besondere Wirkungsweise und die Nachhaltigkeit eingehen.

Regel 1: Nur Proteine in der Angriffsphase

Welche Nahrungsmittel bestehen ausschließlich oder fast ausschließlich aus Proteinen?
Proteine sind die Grundlage allen Lebens. Deshalb sind sie in den meisten Nahrungsmitteln enthalten. Damit die Proteindiät ihre Wirkung entfalten kann, muss sie sich aus möglichst eiweißreichen Lebensmitteln zusammensetzen. Abgesehen vom Eiweiß gibt es jedoch kein Lebensmittel, das nur aus Proteinen besteht. Pflanzen enthalten zu viele Kohlenhydrate. Das gilt für alle Getreide, stärkehaltigen Gemüse und Hülsenfrüchte, einschließlich der Sojabohne, die zwar hochwertiges Eiweiß bietet, jedoch zu viel Fett und Kohlenhydrate enthält. Deshalb sind sie für diese Diät ungeeignet.

LEBENSMITTEL TIERISCHEN URSPRUNGS MIT HOHEM PROTEINGEHALT

- Rindfleisch, mit Ausnahme von Entrecôte, Kotelett und allen Stücken zum Schmoren
- Kalbfleisch zum Grillen
- Geflügel, mit Ausnahme von Ente und Gans
- Alle Arten von Fisch, einschließlich der rotfleischigen Arten, deren Fett einen hervorragenden Schutz für Herz und Gefäße bietet, weshalb sie im Rahmen der Diät erlaubt sind
- Schalentiere und Muscheln
- Eier, deren Eiweiß zwar ausschließlich aus Proteinen besteht, dessen Qualität allerdings durch den, wenn auch geringen, Fettgehalt des Eigelbs etwas gemindert wird
- Magermilchprodukte sind eiweißreich und enthalten kaum Fett, wenn auch eine geringe Menge – relativ langsamer – Kohlenhydrate.

Das Gleiche trifft auf Nahrungsmittel tierischen Ursprungs zu, die zwar mehr Eiweiß enthalten als Gemüse, jedoch in der Mehrzahl zu fett sind. Das gilt für Schweinefleisch, Lamm, fettes Geflügel und viele Stücke von Rind und Kalb. Aber es gibt es eine Reihe von Lebensmitteln (vorwiegend) tierischen Ursprungs, deren Proteingehalt so hoch ist, dass sie hier eine wichtige Rolle spielen (siehe Kasten Seite 13 unten).

Reine Proteine drosseln die Kalorienverwertung

Wie beim Menschen besteht auch die Nahrung aller Tiere aus einer Mischung der drei Hauptnährstoffe – Proteine, Fette und Kohlenhydrate. Das ideale Mischungsverhältnis ist bei jeder Gattung anders. Beim Menschen ist es vereinfacht ausgedrückt 5-3-2, das heißt ideal ist eine Mischung aus fünf Teilen Kohlenhydraten, drei Teilen Fett und zwei Teilen Eiweiß, eine Zusammensetzung, die der der Muttermilch relativ ähnlich ist.

Eine optimale Verdauung und Kalorienverwertung ist gewährleistet, wenn man sich bei der Zusammenstellung seines Speiseplans an diese Faustregel hält. Dies kann allerdings eine Gewichtszunahme begünstigen.

Will man die Kalorienverwertung dagegen herabsetzen, genügt es, das Mischungsverhältnis zu verändern. Die radikalste Veränderung, die theoretisch vorstellbar ist, bestünde in der Beschränkung auf einen einzigen Nährstoff. In diesem Fall würde die Kalorienverbrennung am stärksten gedrosselt.

Doch eine ausschließlich auf Zucker oder Fett reduzierte Ernährung ist kaum realisierbar und hat schwerwiegende Folgen: Zu viel Zucker begünstigt die Entstehung von Diabetes. Die Einnahme von zu viel Fett führt zu Arteriosklerose. Darüber hinaus wäre der Organismus durch das Fehlen der lebensnotwendigen Proteine gezwungen, die Eiweißdepots in den Muskeln anzugreifen.

Beschränkung auf Proteine

Eine auf einen einzigen Nährstoff reduzierte Ernährung ist folglich nur denkbar mit Proteinen, und das nicht nur aus geschmacklichen Gründen, sondern auch, weil damit weder die Gefahr einer Arteriosklerose noch die eines Proteinmangels gegeben ist.

Wenn man hauptsächlich Nahrungsmittel mit besonders hohem Proteingehalt zu sich nimmt, muss der Dünndarm, dessen Aufgabe es ist, der Nahrung die Kalorien zu entziehen, Schwerstarbeit leisten, um den ungewohnten Speisebrei zu verarbeiten. Er kann dessen Kaloriengehalt nicht vollständig verwerten.

Und was macht der Organismus in dieser Situation? Er holt sich nur die für das Funktionieren seiner Organe unverzichtbaren Proteine aus der Nahrung und verwertet die restlichen Kalorien, die ihm zugeführt wurden, gar nicht.

Die Umwandlung von Proteinen verbraucht viele Kalorien

Um diese zweite Eigenschaft der Proteine zu verstehen, die die Dukan-Diät so wirkungsvoll macht, müssen wir uns mit der spezifisch-dynamischen Wirkung (SDW) der Nahrungsmittel vertraut machen. Darunter versteht man die Energie, die der Organismus aufwendet, um ein Lebensmittel in seine Bausteine zu zerlegen, die einzige Form, in der es vom Blut aufgenommen werden kann. Die Arbeit, die dafür geleistet werden muss, variiert je nach Beschaffenheit und chemischer Struktur der Nahrungsmittel.

Nimmt man 100 Kalorien in Form von Haushaltszucker – dem schnellen Kohlenhydrat par excellence – zu sich, vollzieht sich der Umbau sehr schnell, und der Organismus verbraucht bei dieser Arbeit nur sieben Kalorien. Es bleiben ihm also 93 verwertbare Kalorien. Die spezifisch-dynamische Wirkung von Kohlenstoff beträgt sieben Prozent.

Nimmt man 100 Kalorien in Form von Butter oder Öl zu sich, muss der Organismus etwas mehr Arbeit leisten, bei der er zwölf Kalorien verbraucht, sodass ihm nur noch 88 Kalorien verbleiben. Die spezifisch-dynamische Wirkung von Fetten beträgt folglich zwölf Prozent.

Um 100 Kalorien reines Protein – Eiweiß, mageren Fisch oder Magerquark – zu assimilieren, muss der Körper viel mehr arbeiten, denn Proteine bestehen aus sehr langen Molekülketten, deren einzelne Glieder, die Aminosäuren, wie durch festen Beton verbunden sind. Dabei verbraucht er 30 Kalorien, sodass dem Organismus nur 70 Kalorien verbleiben: Die spezifisch-dynamische Wirkung der Proteine beträgt 30 Prozent.

Beim Abbau von Proteinen muss der Organismus also hart arbeiten. Dabei wird Wärme freigesetzt, und es kommt zu einer Erhöhung der Körpertemperatur. Für Übergewichtige, die besonders gute Kalorienverwerter sind, ist dies ein Segen. Spart man auf diese Weise doch unmerklich Kalorien ein und kann beim Essen ordentlich zugreifen, ohne gleich dafür büßen zu müssen.

Hat man am Ende des Tages 1500 Kalorien – eine beachtliche Menge – in Form von Eiweiß zu sich genommen, verbleiben nach der Verdauung nur etwa 1000 Kalorien im Körper. Und genau darin liegt einer der Schlüssel für die Wirksamkeit der Diät. Doch das ist noch nicht alles …

Reine Proteine sind Appetitzügler

Beim Verzehr leicht verdaulicher zucker- oder fetthaltiger Nahrungsmittel stellt sich zwar rasch ein Sättigungsgefühl ein, es hält jedoch nicht lange vor. So haben neuere Studien gezeigt, dass zucker- oder fetthaltige Snacks den Hunger nur kurzzeitig stillen und man bei den Mahlzeiten keineswegs weniger isst. Aßen die Probanden dagegen proteinhaltige Snacks, hielt das Sättigungsgefühl länger vor, und sie aßen anschließend weniger.

Ernährt man sich ausschließlich von eiweißreicher Nahrung, wird darüber hinaus die Produktion sogenannter Keton-Körper angeregt. Dabei handelt es sich um natürliche Appetitzügler, die für eine nachhaltige Sättigung sorgen. Nimmt man zwei bis drei Tage lang nur reine Proteine zu sich, verschwindet das Hungergefühl ganz, und die Dukan-Diät kann fortgesetzt werden, ohne dass man der Gefahr ausgesetzt wäre, die bei den meisten anderen Diäten lauert: dem Hunger.

Reine Proteine wirken Wassereinlagerungen entgegen

Manche Diäten und Ernährungsweisen gelten als „hydrophil", das heißt, sie begünstigen die Einlagerung von Wasser im Gewebe und damit einhergehend das Gefühl des Aufgeschwemmtseins. Das gilt vor allem für mineralsalzreiche Diäten auf vorwiegend pflanzlicher Basis.

Dagegen fördert eine eiweißreiche Ernährung die Wasserausscheidung über den Urin und entzieht dem aufgeschwemmten Gewebe das Wasser – ein vor allem unmittelbar vor Einsetzen der Periode oder zu Beginn der Menopause segensreicher Nebeneffekt.

In besonderem Maße wird die Wasserausscheidung durch die proteinreiche Ernährung in der Angriffsphase der Dukan-Diät angeregt. Das ist vor allem für Frauen von Vorteil. Männer nehmen in der Regel zu, weil sie zu viel essen und die überschüssigen Kalorien in Form von Fett speichern. Bei Frauen ist der Mechanismus der Gewichtszunahme häufig komplexer und geht mit Wassereinlagerungen einher, was dazu führen kann, dass sich bei einer Diät Erfolge nur langsam oder nur bedingt einstellen.

In bestimmten Momenten des Zyklus, vier oder fünf Tage bevor die Regel einsetzt, aber auch in Phasen der Veränderung, etwa in der Pubertät oder zu Beginn der Menopause, können hormonelle Veränderungen dazu führen, dass (vor allem übergewichtige) Frauen beginnen, Wasser einzulagern. Sie fühlen sich aufgeschwemmt, die Ringe lassen sich nicht mehr abziehen, die Beine werden schwer, und die Knöchel schwellen an. Diese Wassereinlagerungen gehen häufig mit einer Gewichtszunahme einher, die zwar in der Regel reversibel ist, aber auch chronisch werden kann.

Es kommt sogar vor, dass sich Frauen, um ihre alte Figur wiederzuerlangen oder um einer Gewichtszunahme vorzubeugen, einer Diät unterziehen und überrascht feststellen, dass die kleinen Maßnahmen, mit denen sich die paar Pfunde zu viel früher in der Regel erfolgreich bekämpfen ließen, wirkungslos bleiben.

In diesen gar nicht seltenen Fällen zeigen die reinen Proteine, wie man sie in der Angriffsphase zu sich nimmt, meist eine rasche und spürbare Wirkung. In wenigen Tagen, manchmal sogar wenigen Stunden, wird dem aufgeschwemmten Gewebe das Wasser entzogen, und man fühlt sich wieder wohl und leicht, ein Gefühl, das sich bald auch auf der Waage bemerkbar macht und die Motivation steigert.

Reine Proteine erhöhen die Widerstandskraft des Organismus

Dies ist nicht nur unter Ernährungswissenschaftlern, sondern auch unter Laien eine seit langem bekannte Tatsache. Bevor man in der Lage war, die Tuberkulose mithilfe von Antibiotika zu bekämpfen, behandelte man die Krankheit zumeist, indem man dem Körper große Mengen Proteine zuführte. Heute empfiehlt man Leistungssportlern eine eiweißreiche Ernährung; sie wird auch in der Medizin eingesetzt, etwa bei Anämien oder um die Immunabwehr zu stärken oder die Wundheilung zu beschleunigen.

Deshalb sollte man sich die Vorzüge einer eiweißreichen Ernährung auch bei Diäten zunutze machen, denn jede Gewichtsabnahme schwächt den Organismus ein wenig. Die Angriffsphase der Dukan-Diät, die nur aus Proteinen besteht, ist die stimulierendste Phase. Einige Patienten berichteten mir sogar, sie habe – physisch wie geistig – euphorisierend gewirkt, und dies bereits nach dem zweiten Tag.

Mit den reinen Proteinen der Dukan-Diät nimmt man ab, ohne dass Muskeln und Haut erschlaffen. Das ist nicht verwunderlich, denn das elastische Gewebe der Haut, aber auch die Muskulatur und der gesamte Organismus bestehen im Wesentlichen aus Proteinen. Eine eiweißarme Diät würde den Körper zwingen, auf seine Proteinreserven zurückzugreifen. Dadurch verliert die Haut an Elastizität und die Knochen werden brüchig, ein Problem, von dem Frauen in der Menopause häufig sowieso betroffen sind. Kommen beide Faktoren zusammen, führt dies zu einer Alterung von Gewebe, Haut und Haaren, was bei vielen dazu führt, dass die Diät abgebrochen wird.

Bei einer eiweißreichen Diät hingegen besteht kein Grund, die Reserven des Organismus anzugreifen, werden ihm doch Proteine in großen Mengen zugeführt. Durch die rasche Gewichtsabnahme behalten die Muskeln ihre Festigkeit, die Haut bleibt straff, und man nimmt ab, ohne zu sehr zu altern.

Diese Besonderheit der Dukan-Diät mag für junge Frauen nebensächlich sein, für Frauen, die auf die Wechseljahre zugehen, deren Muskeln erschlafft sind oder die eine dünne Haut haben, ist sie jedoch von großer Bedeutung. Wenn es um die schlanke Linie geht, ist heute für viele die Waage maßgebend. Das Gewicht kann und darf jedoch nicht allein ausschlaggebend sein, denn eine strahlende Haut, ein straffes Gewebe und ein elastischer Körper tragen gleichermaßen zum Erscheinungsbild einer Frau bei.

➡ Regel 2: Reichlich Wasser trinken

Darüber, wie viel Wasser man trinken sollte, gehen die Meinungen auseinander. Immer wieder kursieren Gerüchte und vermeintlich wissenschaftliche Empfehlungen, die das Gegenteil dessen behaupten, was gestern noch galt.

Die Diskussion um die Frage, wie viel Wasser man trinken sollte, ist keineswegs nur eine Marketingstrategie oder ein Zeitvertreib für Abnehmwillige. Es ist eine Frage von zentraler Bedeutung, die trotz intensiver gemeinsamer Anstrengungen von Presse, Ärzteschaft und Handel – und obwohl dies eigentlich eine Sache des gesunden Menschenverstandes ist – in der Öffentlichkeit, vor allem aber von denen, die eine Diät machen, nie wirklich ernst genommen wurde.

Man mag zwar glauben, bei einer Diät ginge es vorrangig darum, Kalorien zu verbrennen, damit die Fettpolster schmelzen, doch Kalorien zu verbrennen – so notwendig dies auch sein mag – allein reicht nicht aus. Kommt es beim Abnehmen doch auch darauf an, ausreichend Wasser auszuscheiden. Eine Diät, bei der nicht genug getrunken wird, ist eine schlechte Diät, denn es wird nicht nur der Erfolg ausbleiben, es werden sich darüber hinaus schädliche Stoffwechsel-Abfallprodukte im Körper ansammeln.

Wasser reinigt und verbessert die Resultate der Diät

Je mehr man trinkt, desto häufiger muss man zur Toilette gehen und desto besser können die Nieren die Abfallprodukte ausscheiden, die bei der Verbrennung der Nahrung anfallen. Wasser ist also das beste natürliche Entwässerungsmittel. Es ist erstaunlich, dass nur wenige Menschen ausreichend trinken.

Die zahllosen alltäglichen Verpflichtungen hindern uns häufig daran zu trinken, bis wir gar nicht mehr merken, dass wir Durst haben. Und mit der Zeit stellt sich das natürliche Durstgefühl – ein wichtiges Warnsignal für eine Dehydrierung – gar nicht mehr ein.

Frauen haben eine kleinere und empfindlichere Blase als Männer und trinken deshalb oft bewusst weniger, um nicht ständig zur Toilette gehen zu müssen, weil dies vor allem im Berufsleben häufig als störend empfunden wird oder weil sie eine Abneigung gegen öffentliche Toiletten haben.

Unter normalen Umständen mag das vertretbar sein, nicht aber während einer Diät. Lassen Sie es mich klar sagen: Wer abzunehmen versucht, ohne ausreichend zu trinken, vergiftet nicht nur seinen Organismus. Es kann auch passieren, dass man irgendwann gar nicht mehr abnimmt und damit alle bisherigen Anstrengungen zunichte macht. Warum? Weil der menschliche Motor, der sein Fettreserven bei einer Diät verbraucht, genauso funktioniert wie ein Verbrennungsmotor. Die Energie, die verbrannt wird, setzt Wärme frei, und es fallen Abfallstoffe an. Werden diese Abfallstoffe nicht regelmäßig über die Nieren ausgeschieden, sammeln sie sich im Körper an, was früher oder später dazu führt, dass der Organismus die Fette nicht mehr verbrennt und man, selbst wenn man sich streng an die Diät hält, nicht mehr abnimmt.

Bei Übergewichtigen, die sich falsch ernähren, die zu wenig Wasser trinken oder die häufig und exzessiv abzunehmen versuchen, führt dies schließlich dazu, dass die Nieren träge werden. Für sie ist es also besonders wichtig, reichlich zu trinken, damit die Ausscheidungsorgane wieder richtig funktionieren.

Anfangs empfindet man dies möglicherweise als unangenehm und lästig, vor allem im Winter, aber wenn man nicht aufgibt, wird reichliches Trinken zur Gewohnheit, die durch das angenehme Gefühl, sich innerlich zu reinigen und besser abzunehmen, schließlich oft sogar wieder zu einem Bedürfnis wird.

Kampfansage an Cellulite – mit Wasser und reinem Protein

Cellulite ist ein Phänomen, das ausschließlich Frauen betrifft. Es handelt sich dabei um eine hormonell bedingte Veränderung des Unterfettgewebes, die vorwiegend an den Oberschenkeln, im Gesäßbereich und an den Knien auftritt.

Mit Diäten ist diesem Leiden oft nicht beizukommen. Dennoch habe ich beobachtet, dass man mit der reinen Proteindiät, in Kombination mit einer Salzreduktion und reichlicher Flüssigkeitsaufnahme in Form von schwach mineralisiertem Wasser, nicht nur gleichmäßiger abnimmt, sondern dass dabei auch die Fettpölster-chen an Problemzonen wie dem Po oder der Innenseite der Knie leicht zurückgehen. Dies ist zum einen auf die entwässernde Wirkung der Proteine und zum anderen darauf zurückzuführen, dass durch die vermehrte Wasseraufnahme die Nierenfunktion angeregt wird. Das Wasser dringt unter das aufgequollene Cellulite-Gewebe und entzieht ihm Salz und Abfallstoffe. Zu dieser Entschlackung und Entwässerung kommt noch der hohe Kalorienverbrauch der Proteine beim Stoffwechsel.

All dies trägt dazu bei, dass mit der Dukan-Diät, im Unterschied zur Mehrzahl der anderen Diäten, auch hier – wenn auch nur bescheidene – Erfolge erzielt werden können.

Wann soll man Wasser trinken?

Früher sagte man, es sei nicht gut, zu den Mahlzeiten Wasser zu trinken, weil es

durch die Nahrung gebunden wird – ein Glaube, der sich bis heute hartnäckig im kollektiven Unbewussten hält.
Das entbehrt jedoch nicht nur jeder physiologischen Grundlage, sondern ist in vielen Fällen sogar kontraproduktiv. Sind doch gerade die Mahlzeiten der ideale Zeitpunkt zum Trinken, denn in der Hektik des Alltags wird das Durstgefühl häufig ignoriert, man läuft Gefahr, das Trinken auch für den Rest des Tages zu vergessen.
Bei der Dukan-Diät und im Besonderen während der Angriffsphase sollte man täglich mindestens eineinhalb Liter Wasser, möglichst Mineralwasser – Tee und Kaffee sind aber auch erlaubt – trinken, es sei denn man leidet unter hormonell bedingten Wasseransammlungen oder Niereninsuffizienz.
Eine große Tasse Tee zum Frühstück, ein großes Glas Wasser am Vormittag, zwei Gläser zum Mittagessen und danach einen Kaffee, ein Glas Wasser am Nachmittag und zwei zum Abendessen – und schon hat man mühelos zwei Liter getrunken.

Welches Wasser sollte man trinken?

- In der Angriffsphase der Dukan-Diät, die ausschließlich aus Proteinen besteht, ist am besten Wasser mit geringem Mineralgehalt geeignet, das leicht harntreibend und abführend wirkt. Mineralwasser mit hohem Salzgehalt sollte nicht in größeren Mengen getrunken werden.
- Wer Leitungswasser trinkt, kann dabei bleiben, denn um die Nierentätigkeit anzuregen, kommt es vor allem auf die Menge und weniger auf die besondere Zusammensetzung des Wassers an.
- Das Gleiche gilt für all jene, für die die Teestunde zum täglichen Ritual gehört oder die lieber etwas Warmes trinken und die deshalb auf Tee zurückgreifen.
- Was die sogenannten Softdrinks und insbesondere Coca Cola light angeht, sind sie erlaubt, ja ich empfehle sie sogar aus verschiedenen Gründen bei Abmagerungskuren. In erster Linie weil sie dazu beitragen können, dass man die empfohlenen zwei Liter Flüssigkeit zu sich nimmt. Darüber hinaus enthalten sie praktisch keinen Zucker und keine Kalorien. Vor allem aber kann Coca Cola light, ebenso wie herkömmliche Cola, das Verlangen nach Süßem stillen. Viele meiner Patienten haben mir berichtet, dass Softdrinks während ihrer Diät eine Hilfe und ein Trost waren.

Keine Softdrinks für Kinder

Für Kinder und Jugendliche sind kalorienreduzierte Softdrinks allerdings nicht zu empfehlen, denn die Erfahrung hat gezeigt, dass der Zuckerersatz in diesem Alter nicht die gewünschte Wirkung hat und das Verlangen nach Süßem kaum verringert. Dürfen Kinder und Jugendliche die süßen Drinks in unbegrenzten Mengen trinken, kann dies dazu führen, dass sie sie aus Gewohnheit und Lust auch dann trinken, wenn sie nicht durstig sind. Und damit kann der Grundstein für spätere, weitaus schlimmere Abhängigkeiten gelegt werden.

Wasser ist ein natürlicher Sattmacher

Wenn man Hunger hat, spricht man landläufig von einem leeren Magen, ein Ausdruck, der durchaus zutreffend ist. Das Wasser, das man zu den Mahlzeiten trinkt und das sich mit der Nahrung mischt, erhöht das Gesamtvolumen der verzehrten Speisen. Dadurch dehnt sich der Magen, und es stellt sich ein Völlegefühl ein – das erste Anzeichen der Sättigung. Ein weiterer Grund, weshalb man zum Essen Wasser trinken sollte. Und die Erfahrung zeigt, dass man den Appetit auch außerhalb der Mahlzeiten, etwa in der gefährlichen Zeit zwischen 17 und 20 Uhr, zügeln kann, indem man ein großes Glas Wasser zu sich nimmt.

Während Menschen in armen Ländern bis heute immer wieder unter Hungersnöten leiden, entsteht in der übersättigten westlichen Welt eine neue Art von Hunger. Stehen viele hier angesichts des schier unbegrenzten Nahrungsmittelangebots doch vor dem Problem, Verzicht üben zu müssen, um nicht krank zu werden und vorzeitig zu altern.

In einer Zeit, in der Forschung und Pharmaindustrie intensiv an der Entwicklung eines wirksamen Appetitzüglers arbeiten, mutet es seltsam an, dass die meisten Betroffenen nicht auf ein so einfaches Mittel wie Wasser zurückgreifen, um ihren Appetit zu zügeln.

Regel 3: Mit Salz sparsam umgehen

Salz ist für den Körper lebensnotwendig und in unterschiedlichen Mengen in allen Lebensmitteln enthalten. Es ist deshalb völlig überflüssig, die Speisen – aus Gewohnheit oder um den Geschmack zu verbessern – zusätzlich mit Salz zu würzen, denn Salz regt auch den Appetit an.

Eine salzarme Diät birgt keinerlei Gefahren

Man kann und sollte sich sein Leben lang salzarm ernähren. Menschen mit Herzkrankheiten, Niereninsuffizienz und Bluthochdruck tun das, ohne jemals Mangelerscheinungen zu zeigen. Bei Menschen mit niedrigem Blutdruck kann eine zu salzarme Ernährung, vor allem in Kombination mit einem hohen Wasserkonsum, jedoch zu einer gesteigerten Blutfiltration und einem Absinken des Blutvolumens führen. Der arterielle Blutdruck kann dann noch weiter sinken, und die Betroffenen fühlen sich müde oder ihnen wird beim schnellen Aufstehen schwindlig. Menschen mit niedrigem Blutdruck sollten ihren täglichen Wasserkonsum daher auf eineinhalb Liter beschränken, beim Essen aber nicht nachsalzen.

Salz bindet Wasser im Körper

Frauen haben, vor allem kurz vor der Periode, zu Beginn der Menopause oder während der Schwangerschaft, häufig mit Wasseransammlungen im Gewebe

zu kämpfen und fühlen sich dann an bestimmten Körperstellen aufgeschwemmt.
Gerade bei diesen Frauen hat sich die entwässernde Dukan-Diät als besonders wirksam erwiesen, wenn die aufgenommene Salzmenge auf ein Minimum reduziert wird. Denn das Wasser, das man trinkt, kann den Organismus dann schneller passieren. In diesem Zusammenhang höre ich oft von Patienten, sie hätten ein, ja sogar zwei Kilo zugenommen, weil sie mal einen Abend gesündigt haben. Es kommt sogar vor, dass jemand zunimmt, ohne dass er über die Stränge geschlagen hätte. Sieht man sich genauer an, was der oder die Betreffende an dem fraglichen Abend zu sich genommen hat, macht man stets eine erstaunliche Feststellung: Für die Gewichtszunahme – um zwei Kilo zuzunehmen, müsste man 18 000 Kalorien zu sich nehmen, was in dieser kurzen Zeit gar nicht möglich ist – war nicht die Menge der gegessenen Speisen verantwortlich. Das Essen war lediglich zu salzig und wurde mit zu viel Alkohol „begossen". Und die Kombination von Salz und Alkohol bewirkt, dass das Wasser langsamer ausgeschieden wird. Außerdem darf man nicht vergessen, dass ein Liter Wasser ein Kilogramm wiegt und dass neun Gramm Salz einen Liter Wasser ein bis zwei Tage im Gewebe binden.
Wenn Sie also während der Diät an einem Geschäftsessen oder einer Familienfeier teilnehmen und deshalb gegen die Diätvorschriften verstoßen müssen, sollten Sie darauf achten, nicht übermäßig zu salzen und nicht zu viel zu trinken. Außerdem sollten Sie sich am nächsten Morgen keinesfalls auf die Waage stellen, denn eine sprunghafte Gewichtszunahme könnte Sie entmutigen und Ihre Entschlossenheit und Ihr Selbstvertrauen schwächen. Warten Sie lieber bis zum nächsten oder besser noch bis zum übernächsten Tag und intensivieren Sie die Diät; trinken Sie viel leicht mineralhaltiges Wasser und reduzieren Sie das Salz. Diese drei Maßnahmen reichen aus, um Ihr früheres Gewicht wiederzuerlangen.

Salz regt den Appetit an, eine salzarme Ernährung zügelt ihn

Das ist eine unumstößliche Tatsache. Salzige Speisen regen die Speichelproduktion und die Produktion von Magensäure an, was wiederum den Appetit anregt. Salzarme Speisen hingegen fördern die Produktion von Verdauungssäften und beeinflussen den Appetit nicht. Aber leider machen sie auch nicht durstig. Deshalb sollten Sie sich in den ersten Tagen der Diät dazu zwingen, sehr viel zu trinken, damit sich das natürliche Durstgefühl allmählich wieder einstellt.

Mein Fazit

Die reine Proteindiät, mit der das Dukan-Programm beginnt, ist anders als andere Diäten. Sie setzt die Gewichtsabnahme in Gang, und auf ihr bauen die sich anschließenden Phasen auf. Es ist die einzige Diät, die sich ausschließlich auf einen Hauptnährstoff und eine genau begrenzte Gruppe besonders eiweißreicher Lebensmittel stützt. Kalorienangaben sucht man hier vergeblich, und das Kalorienzählen entfällt natürlich ebenfalls. Wie viel Sie essen, hat keinen Einfluss auf das Ergebnis. Es kommt lediglich darauf an, dass Sie sich genau an die vorgegebenen Lebensmittel halten.

Eine weitere Besonderheit der Dukan-Diät besteht darin, dass Sie möglichst viel, ja sogar „auf Vorrat" essen sollten, damit sich ein Hungergefühl gar nicht erst einstellt. Denn fühlt man sich erst einmal hungrig, lässt sich der Hunger nicht mehr kontrollieren und kann mit den eiweißreichen Nahrungsmitteln, die im Rahmen dieser Diät erlaubt sind, nicht mehr gestillt werden. Dies wiederum kann dazu verführen, dass man sich mit zucker- und fettreichen Snacks „tröstet".

Der besondere Erfolg der Dukan-Diät beruht also einzig und allein darauf, dass sie auf diese spezielle Gruppe von Lebensmitteln beschränkt ist. Man muss sich nur daran halten. Sonst wird auch diese Diät zum bloßen Kalorienzählen, und der Erfolg stellt sich nur sehr langsam ein.

Die Dukan-Diät ist keine Diät, an die man halbherzig herangehen darf. Alles oder nichts lautet die Devise – und das betrifft ebenso ihre Wirkung auf den Stoffwechsel wie auf die Psyche des Übergewichtigen. Denn auch er oder sie kennt nur diese beiden Extreme.

Jede der vier Phasen dieser Diät ist auf die Persönlichkeit des Übergewichtigen maßgeschneidert, der bekanntermaßen zu Exzessen neigt, sich jedoch im Hinblick auf Anstrengung und Verzicht gerne „in Askese übt".

Wie wichtig, ja für den Erfolg entscheidend es ist, dass die Diät auf das psychologische Profil der Betroffenen zugeschnitten ist, ist für den Laien nicht ganz einfach nachzuvollziehen, macht es dem Übergewichtigen aber leichter, die Diät auch wirklich durchzuhalten, und erleichtert ihm so letztendlich das Abnehmen. Darüber hinaus gibt sie all jenen, die schon ihr Leben lang mit einer Veranlagung zu Übergewicht zu kämpfen haben, mit dem Proteintag der letzten Phase eine wirkungsvolle Waffe an die Hand, die ihnen dennoch nicht allzu viel abverlangt.

Wichtige Zutaten

Hier erfahren Sie, wo Sie Dukan-Haferkleie, Aromen, Konjak-Nudeln und andere wichtige Zutaten für eine erfolgreiche Dukan-Diät bekommen.

Haferkleie

Achtung! Handelsübliche Haferkleie ist für diese Diät nicht geeignet. Sie benötigen eine spezielle medizinische Haferkleie, die weder zu grob noch zu fein gemahlen sein darf und ausreichend gesiebt wurde. In Zusammenarbeit mit einem finnischen Hersteller habe ich die Dukan®Diät Bio-Haferkleie (M2 bis B6 Mahl-/Siebgrad Index) entwickelt, die in manchen Apotheken und Reformhäusern oder über das Internet im Dukan-Shop erhältlich ist.

Weizenkleie

Weizenkleie hat einen besonders hohen Gehalt an unlöslichen Ballaststoffen und wird deshalb häufig zur Vorbeugung gegen Verstopfung eingesetzt. Aufgrund ihrer Festigkeit ist sie darüber hinaus hervorragend geeignet, um bestimmten Speisen Konsistenz zu verleihen. Die Dukan®Diät Bio-Weizenkleie erhalten Sie in manchen Reformhäusern und Apotheken und über das Internet im Dukan-Shop.

Süßstoffe

Für die Rezepte sind alle zugelassenen Süßstoffe geeignet. Sie wurden in zahlreichen wissenschaftlichen Studien auf ihre Unbedenklichkeit getestet. Die Unschädlichkeit von Aspartam wurde in Tausenden von Studien belegt.
Natürlich gibt es in Deutschland teilweise andere Produkte als in Frankreich. Entscheidend ist, dass der verwendete Süßstoff keine Kalorien hat und dass er – für warme Zubereitungen – erhitzt werden kann. Diese Informationen finden Sie auf der Packung. In Supermärkten und Drogeriemärkten gibt es flüssigen Süßstoff von verschiedenen Herstellern, pulverisierten Süßstoff bekommen Sie in Bioläden, Reformhäusern und Apotheken.

Die Aromen

Lebensmittelaromen, die den Speisen den authentischen Geschmack einer Zutat verleihen, ohne dem Körper zusätzliche Kalorien zuzuführen, werden im Kampf gegen das Übergewicht eine große Zukunft haben. Deshalb habe ich lange an der Entwicklung dieser Aromen gearbeitet. Leider sind diese – etwa 30 – Lebensmittelaromen zurzeit noch nicht im Handel, sondern ausschließlich über das Internet im Dukan-Shop erhältlich.

Gelatine

Gelatine ist ein Bindemittel tierischen Ursprungs, das in Form von Blättern oder als Pulver angeboten wird. Die Blätter müssen in kaltem Wasser eingeweicht, ausgedrückt und in einer heißen, aber nicht kochenden Flüssigkeit aufgelöst werden. Danach lässt man die Speisen abkühlen und erstarren.

Agar-Agar

Dieses aus Algen hergestellte Bindemittel erfreut sich seit Jahren wachsender Beliebtheit und ist noch einfacher zuzubereiten als Gelatine. Für einen Pudding oder ein Gelee löst man 2 g Agar-Agar-Pulver in $^1/_2$ l Flüssigkeit auf, lässt die Mischung aufkochen und anschließend abkühlen. Agar-Agar ist in Bioläden und Reformhäusern erhältlich.

Eine echte Revolution: die karlorienarme Konjak-Nudel

Die Nudel wurde von den Chinesen erfunden. Marco Polo brachte sie dann nach Italien. Konjak-Nudeln (auch unter dem Namen Shirataki bekannt) aus Japan sind eine ganz neue „Nudelgeneration", die in einer Welt, die immer mehr gegen Übergewicht kämpft, eine große Zukunft haben wird. Konjak-Nudeln werden aus dem Mehl der Konjak-Wurzel hergestellt, die ähnlich aussieht wie Weiße Bete und in der japanischen Küche schon seit Jahrtausenden verwendet wird. Ihre Fasern sind biologisch sehr wertvoll. In einem aber übertrifft sie viele andere Lebensmittel: Sie hat kaum Kalorien und ist dabei ausgesprochen sättigend.

Seit ich mich mit dem Thema Übergewicht befasse, höre ich von den Anwendern meiner Diät immer wieder, wie gerne sie auch einmal wieder Nudeln essen würden. Nun endlich ist auch das möglich, und damit eröffnen sich ganz neue Perspektiven. Konjak-Nudeln halten sich monatelang im Küchenschrank und sind im Nu gekocht. Sie müssen nur 1–2 Minuten in leicht gesalzenem Wasser bissfest gegart werden und können dann wie jede andere Nudel zubereitet werden. Sie haben keinen Eigengeschmack und sollten deshalb mit geschmacksintensiven Zutaten kombiniert werden.

Konjak-Nudeln sind in allen Phasen der Diät erlaubt, sogar – und vor allem – in der Angriffsphase. Sie dürfen sich also bereits am ersten Tag der Diät einen Teller Konjak-Bolognese gönnen! Die Sauce müssen Sie dann aber aus einem Aroma und einem mageren Hackfleisch herstellen. Aber bei den Gewürzen können Sie Ihrer Fantasie freien Lauf lassen. In der Aufbauphase dürfen die Nudeln mit jedem Gemüse kombiniert werden. In der Stabilisierungsphase ist auch Parmesan erlaubt, und in der Erhaltungsphase können sie mit allem genossen werden, worauf Sie Lust haben. Konjak-Nudeln bekommen Sie in großen asiatischen Lebensmittelgeschäften oder über das Internet.

> Der deutsche Dukan-Shop im Internet ist noch im Aufbau begriffen und wird ständig erweitert. Bitte informieren Sie sich unter der Adresse: www.meindukandiaetshop.de.

Angriffsphase

Geflügel

Variationen von Hähnchen mit feinen Gewürzen, deftiges Putengyros mit Tsatsiki oder Saté-Spieße sorgen für einen schmackhaften Einstieg in die Rezeptauswahl des Dukan-Kochbuchs.

Hähnchen mit Zitronengras

Zubereitung: 25 Minuten
Für 2 Personen

400 g Hähnchenschnitzel
½ kleine Zwiebel
1 Stängel Zitronengras
etwas Öl
½ TL Cayennepfeffer
1 TL Nuoc-Mam (vietnamesische Fischsauce)
1 TL Sojasauce
½ TL flüssiger Süßstoff
Salz, Pfeffer

1. Das Fleisch waschen, trocken tupfen und in dünne Streifen schneiden. Die Zwiebel schälen und fein schneiden. Das Zitronengras waschen und in sehr dünne Scheibchen schneiden.
2. Das Fleisch in einem Topf in etwas Öl rundherum 10 Minuten anbraten. Zwiebeln, Zitronengras und die Gewürze sowie den Süßstoff hinzufügen und das Fleisch mit Salz und Pfeffer würzen. 150–200 ml Wasser dazugießen.
3. Die Wärmezufuhr verringern und das Fleisch zugedeckt bei schwacher Hitze 10 Minuten garen.

Hähnchenspieße mit Senfsauce

Zubereitung: 35 Minuten
Marinierzeit: 2 Stunden
Für 2 Personen

500 g Hähnchenbrustfilet
½ Knoblauchzehe
2 EL scharfer Senf
½ TL Zitronensaft
⅛ l fettarme Hühnerbrühe
Pfeffer, Salz
½ TL Maisstärke
2 EL entrahmte Milch (0,1 % Fett)

Außerdem
4 Schaschlikspieße

1. Die Hähnchenbrustfilets waschen und trocken tupfen. In etwa 3 cm große Stücke schneiden und in eine Schüssel geben. Den Knoblauch schälen und hacken. Den Senf mit Zitronensaft, Knoblauch und der Hühnerbrühe verrühren. Die Marinade über das Fleisch gießen, gut vermischen und das Fleisch 2 Stunden zugedeckt im Kühlschrank marinieren lassen. Den Backofen auf 220 °C vorheizen.

2. Das Fleisch auf vier Spieße stecken, mit Pfeffer würzen und auf ein mit Alufolie belegtes Backblech legen. Im heißen Ofen etwa 25 Minuten garen, das Fleisch muss durchgegart sein! Spieße salzen.

3. Die Maisstärke mit der Milch verrühren und in einem kleinen Topf mit der Marinade vom Fleisch bei schwacher Hitze einkochen lassen. Durch ein Sieb gießen und zu den Spießen servieren.

Hähnchenspieße mit Joghurtsauce

Zubereitung: 40 Minuten
Marinierzeit: 3 Stunden
Für 2 Personen

500 g Hähnchenbrustfilet
1 TL gemahlene Kurkuma
1 Msp. scharfes Chilipulver
½ TL gemahlener Kreuzkümmel
½ TL gemahlener Koriander
250 g Joghurt (0,1 % Fett)
1 Bund Frühlingszwiebeln
Salz, Pfeffer
etwas Zitronensaft

Außerdem
Schaschlikspieße

1. Die Hähnchenbrustfilets waschen, trocken tupfen und in Stücke schneiden. In einer Schüssel gut mit den Gewürzen und dem Joghurt vermischen und 3 Stunden im Kühlschrank marinieren lassen.

2. Den Backofengrill anstellen. Die Frühlingszwiebeln waschen, putzen und vierteln, 2 Zwiebeln für die Sauce aufheben. Das Fleisch abtropfen lassen, abwechselnd mit den geviertelten Frühlingszwiebeln auf Holzspieße stecken. Unter dem Backofengrill etwa 10 Minuten garen. Das Fleisch muss durchgegart sein!

3. Inzwischen die restlichen Frühlingszwiebeln hacken und in einer Pfanne bei mittlerer Hitze 2–3 Minuten anbraten. Zur Marinade geben und das Ganze bei schwacher Hitze heiß werden, aber nicht kochen lassen. Die Sauce mit Salz, Pfeffer und einem Spritzer Zitronensaft abschmecken und zu den Spießen reichen.

Limettenhähnchen in der Salzkruste

Zubereitung: 25 Minuten
Marinierzeit: 12 Stunden
Garzeit: 50–60 Minuten
Für 2 Personen

1 kleines Hähnchen (400–500 g)
1 Zwiebel
1 Kräutersträußchen
2 Limetten
2 Eiweiß
1 kg grobes Salz
Pfeffer

Außerdem

1 ofenfeste Form
Limettensaft zum Beträufeln

1. Am Vortag das Hähnchen innen und außen waschen und trocken tupfen. Die Zwiebel schälen und klein schneiden. Das Hähnchen mit der Zwiebel, dem Kräutersträußchen und dem Saft von ½ Limette in 1 l kaltes Wasser geben. Zugedeckt über Nacht darin ziehen lassen.
2. Das Hähnchen am folgenden Tag aus dem Wasser nehmen und mit dem Kräutersträußchen, der Zwiebel und den restlichen 1 ½ Limetten füllen. Die Öffnung mit Holzstäbchen verschließen. Den Backofen auf 210 °C vorheizen.
3. Die Eiweiße mit dem groben Salz vermengen und die Hälfte der Mischung in einer ofenfesten Form verteilen. Das Hähnchen in die Mitte legen, mit der restlichen Salzmischung bedecken und im heißen Ofen 50–60 Minuten garen.
4. Die Salzkruste vor dem Servieren mit dem Rücken eines Löffels aufschlagen, das Hähnchen halbieren, mit Pfeffer würzen und mit Limettensaft beträufeln.

Hähnchenschnitzel „Tandoori“

Zubereitung: 35 Minuten
Marinierzeit: 12 Stunden
Für 2 Personen

2 Hähnchenschnitzel
2 Knoblauchzehen
1 Stück Ingwer (etwa 1 cm)
½ grüne Chilischote
125 g Joghurt (0,1 % Fett)
1 TL Tandoori-Masala (indische Gewürzmischung)
Saft von ½ Zitrone, Salz, Pfeffer

1. Am Vortag die Hähnchenschnitzel waschen und trocken tupfen. Den Knoblauch und den Ingwer schälen und zerdrücken. Die Chilischote entkernen, waschen und klein schneiden. Den Joghurt mit Knoblauch, Ingwer, Chili, den Gewürzen und Zitronensaft gut vermischen.
2. Die Schnitzel mehrfach einritzen. In die Joghurtmischung einlegen und zugedeckt über Nacht im Kühlschrank ziehen lassen.
3. Am nächsten Tag den Backofen auf 180 °C vorheizen. Die Schnitzel in eine ofenfeste Form geben und im heißen Ofen etwa 20 Minuten garen. Dann unter dem Backofengrill braun grillen.

Knusprige Hähnchenflügel

Zubereitung: 30 Minuten
Marinierzeit: 2–3 Stunden
Für 2 Personen

6 Hähnchenflügel
1 Knoblauchzehe
50 ml Sojasauce
1 EL flüssiger Süßstoff
4 TL Fünf-Gewürze-Pulver (Sternanis, Gewürznelke, Pfeffer, Zimt, Fenchel)
1 TL frisch gehackter Ingwer

1. Die Hähnchenflügel waschen und trocken tupfen, den Knoblauch schälen und durch die Presse drücken. Hähnchenflügel in einer Schüssel mit Sojasauce, Knoblauch und den übrigen Zutaten mischen und 2–3 Stunden marinieren lassen. Die Flügel dabei 1–2-mal wenden. Den Backofengrill anschalten.
2. Die Hähnchenflügel mit der Marinade in eine ofenfeste Form geben. 5–10 Minuten unter dem Backofengrill garen, bis sie zu brutzeln beginnen. Wenden und weitere 5–10 Minuten auf der anderen Seite grillen.

PHASE
1

Würziges Putengyros mit Tsatsiki

Zubereitung: 20 Minuten
Marinierzeit: 1 Stunde
Für 2 Personen

Für das Gyrosgewürz
1 TL Oregano
½ TL Thymian
½ TL Basilikum
½ TL Paprikapulver
½ TL Rosmarin
¼ TL Kreuzkümmel
¼ TL gemahlener Koriander

Für die Putenschnitzel
250 g Putenschnitzel
1 Zwiebel
1 Knoblauchzehe
2 Tropfen Zitronensaft
Salz, Pfeffer

Für das Tsatsiki
1 Knoblauchzehe
2 kleine Gewürzgurken
250 g Magerquark
100 g Joghurt (0,1 % Fett)
2 TL frisch gehackter Dill, Salz, Pfeffer

1. Für das Gyrosgewürz alle Zutaten in eine große Schüssel geben und gut vermischen. Die Putenschnitzel waschen, trocken tupfen und in feine Streifen schneiden.
2. Die Zwiebel schälen und in dünne Ringe schneiden, den Knoblauch schälen und fein hacken. Putenstreifen mit Zwiebelringen, Knoblauch, Zitronensaft und je 1 Prise Salz und Pfeffer zur Gewürzmischung in die Schüssel geben. Alle Zutaten gut vermischen. Im Kühlschrank 1 Stunde marinieren.
3. Inzwischen für das Tsatsiki den Knoblauch schälen und fein hacken. Die Gewürzgurken in dünne Scheiben schneiden. Den Quark mit dem Joghurt verrühren und mit Knoblauch, Dill und je 1 Prise Salz und Pfeffer würzen. Mit den Gewürzgurken garnieren und zugedeckt im Kühlschrank ziehen lassen.
4. Das marinierte Fleisch aus dem Kühlschrank nehmen und mit den Gewürzen in einer beschichteten Pfanne 5–6 Minuten rundherum knusprig und goldbraun braten. Das Putengyros auf zwei Teller verteilen und mit dem Tsatsiki servieren.

TIPP
Falls Sie noch nicht die tägliche Dosis Haferkleie zu sich genommen haben, können Sie zu diesem Mittelmeer-Gericht einen aufgewärmten Dukan-Haferkleiepfannkuchen (siehe Seite 84) servieren.

Geflügellebersoufflé

Zubereitung: 20 Minuten
Backzeit: 30 Minuten
Für 2 Personen

250 g Hähnchen- oder Putenleber
etwas Öl
1 Knoblauchzehe
1 Bund Petersilie
4 Eier
¼ l Béchamelsauce (siehe Seite 246)
Salz, Pfeffer

Außerdem
1 ofenfeste Souffléform

1. Die Leber waschen und trocken tupfen. Eventuell noch vorhandene Sehnen mit einem scharfen Messer abschneiden. Eine beschichtete Pfanne mit etwas Öl ausreiben und die Leber darin rundherum etwa 10 Minuten anbraten. Herausnehmen.
2. Den Knoblauch schälen, die Petersilie waschen, trocken schütteln und die Blätter abzupfen. Leber, Knoblauch und Petersilie zusammen fein hacken.
3. Den Backofen auf 180 °C vorheizen. Die Eier trennen. Die Eigelbe mit der Béchamelsauce, der gehackten Lebermischung, dem Knoblauch und der Petersilie in einer Schüssel gut verrühren. Die Eiweiße steif schlagen und vorsichtig unter die Mischung heben. Mit Salz und Pfeffer abschmecken und in die Souffléform geben.
4. Das Soufflé im heißen Ofen etwa 30 Minuten backen. Darauf achten, dass es nicht zu dunkel wird.

Thymianhähnchen

Zubereitung: 35 Minuten
Garzeit: 30–35 Minuten
Für 4 Personen

1 ganzes Hähnchen (etwa 1,2 kg)
Salz, Pfeffer
2 Schalotten
1 Bund frischer Thymian
1 Knoblauchzehe
1 Bund Petersilie
1–2 Stängel Minze
375 g Joghurt (0,1 % Fett)
Saft von ½ Zitrone

1. Das Hähnchen waschen, trocken tupfen, zerteilen und mit Salz und Pfeffer würzen. Einen Schnellkochtopf mit reichlich Wasser füllen. Das Wasser zum Kochen bringen und salzen.
2. Die Schalotten schälen und fein schneiden. Den Thymian waschen und trocken schütteln. Die Hälfte des Thymians im Dämpfeinsatz verteilen. Die Hähnchenstücke auf den Thymian legen und mit dem restlichen Thymian und den Schalotten bedecken. Den Topf verschließen und die Hähnchenstücke – sobald der Dampf entwichen ist – 30–35 Minuten garen.
3. Inzwischen den Knoblauch schälen und fein hacken. Die Petersilie und die Minze waschen und trocken schütteln, die Blätter abzupfen und fein schneiden. Den Joghurt in einer Schüssel mit Knoblauch, Zitronensaft, Petersilie, Minze, Salz und Pfeffer gut verrühren und die Sauce bis zum Servieren kalt stellen.

Saté-Spieße

Zubereitung: 35 Minuten
Marinierzeit: 1 Stunde
Für 2 Personen (16 Spieße)

250 g Hähnchenbrustfilet
50 ml entrahmte Milch (0,1 % Fett)
2 EL Sojasauce
¼ Stängel Zitronengras, fein gehackt
1 Knoblauchzehe, fein gehackt
¼ TL Chilipulver
2 Tropfen Kokosnuss-Aroma
¼ TL gemahlener Ingwer
2 Tropfen Limettensaft
50 g Magerquark
1 EL Zwiebel, fein gehackt
2 Tropfen Erdnuss-Aroma
1 EL frisch gehacktes Koriandergrün
Salz, Pfeffer

1. Hähnchenbrust waschen, trocken tupfen und in Streifen schneiden. Milch mit Sojasauce, Zitronengras, Knoblauch, Chilipulver, Kokosnuss-Aroma, Ingwer und Limettensaft vermischen. Fleisch darin zugedeckt 1 Stunde marinieren.
2. Quark, Zwiebel, Erdnuss-Aroma und Koriander vermischen. Sauce salzen, pfeffern und kühl stellen. Backofengrill vorheizen. Fleisch auf Spieße stecken, mit Marinade auf ein Backblech geben. 10 Minuten grillen, mit Sauce servieren.

Ingwerhähnchen

Zubereitung: 20 Minuten
Garzeit: 1 Stunde
Für 4 Personen

1 ganzes Hähnchen (etwa 1,2 kg)
2 große Zwiebeln
3 Knoblauchzehen
etwas Öl
4–6 Gewürznelken
1 Stück Ingwer (etwa 5 g)
Salz, Pfeffer

1. Das Hähnchen innen und außen waschen, trocken tupfen und zerteilen. Zwiebeln und Knoblauch schälen und klein schneiden. Eine große Pfanne mit etwas Öl ausreiben und Zwiebel und Knoblauch darin bei schwacher Hitze andünsten.
2. Die Hähnchenteile mit Gewürznelken spicken und in die Pfanne legen. So viel Wasser dazugießen, dass sie davon bedeckt sind.
3. Den Ingwer schälen, fein reiben und hinzufügen. Alles mit Salz und Pfeffer würzen und das Fleisch zugedeckt bei mittlerer Hitze etwa 1 Stunde garen, bis die Flüssigkeit vollständig verkocht ist.

Angriffsphase

Fleisch

Das Herzstück der Diät in der 1. Phase sind reine Proteine – wie könnte man diese genussreicher zu sich nehmen als mit einer Rinderroulade, Königsberger Klopsen oder einem Wiener Schnitzel à la Dukan?

Herzhafte Rinderroulade à la Dukan

Zubereitung: 35 Minuten
Für 2 Personen

2 Gewürzgurken
50 g magerer Schinken (ohne Fettrand)
¼ Zwiebel
2 dünne Rinderfilets (je 100–120 g)
Pfeffer
2 TL Dijonsenf
frisch geriebene Muskatnuss
50 ml entrahmte Milch (0,1 % Fett)
50 ml Gemüsebrühe (0 % Fett)
1 TL Maggi
1–2 Stängel Petersilie

Außerdem
Küchengarn oder Holzstäbchen

1. Die Gewürzgurken in dünne Scheiben, den Schinken in schmale Streifen schneiden. Die Zwiebel schälen und fein hacken. Die Rinderfilets gut flach klopfen (wie Schnitzel), mit Pfeffer würzen und mit Senf bestreichen. Je ein paar Zwiebelwürfel, Gurkenscheiben und Schinkenstreifen auf den Filets verteilen. Mit Muskat würzen. Die Rouladen der Länge nach aufrollen und mit Küchengarn oder Holzstäbchen fixieren.
2. Eine beschichtete Pfanne erhitzen und die Rouladen darin ohne Fett rundherum braun anbraten, dann in einen großen Schmortopf geben.
3. Milch und Brühe in den Schmortopf gießen, mit Maggi würzen und 15–20 Minuten köcheln lassen. Die Petersilie waschen und trocken schütteln, die Blätter abzupfen und fein hacken. Die Rouladen mit der Sauce auf Teller verteilen und mit Petersilie bestreuen.

Königsberger Klopse à la Dukan

Zubereitung: 25 Minuten
Für 2–3 Personen

½ Zwiebel
400 g mageres Rinderhackfleisch
1 Ei
2 EL Haferkleie
½ TL Dijonsenf
Salz, Pfeffer
1 ½ l Gemüsebrühe (0 % Fett)
1 Lorbeerblatt
1 EL Maisstärke
100 ml entrahmte Milch (0,1 % Fett)
2 EL Weißwein
1 Tropfen Butterschmalz-Aroma
1–2 Stängel Petersilie
1 TL Kapern
1 Tropfen Zitronen-Aroma

1. Die halbe Zwiebel schälen und fein hacken. Das Rinderhackfleisch mit der Zwiebel, dem verquirlten Ei, der Haferkleie, dem Senf, Salz und Pfeffer vermischen. Aus dem Fleischteig mit den Händen kleine Klöße formen.

2. Die Brühe mit dem Lorbeerblatt aufkochen. Die Klöße darin bei schwacher Hitze 15–20 Minuten ziehen lassen. Mit dem Schaumlöffel herausheben und zur Seite stellen. Von der Brühe ¼ l abmessen.

3. Die Maisstärke mit etwas Milch anrühren. Die übrige Milch mit ¼ l Brühe, dem Weißwein und dem Butterschmalz-Aroma in einem Topf aufkochen. Die angerührte Stärke dazugeben und gut unterrühren. Vermengen, bis die Sauce eindickt. Die Petersilie waschen und trocken schütteln, die Blätter abzupfen und fein hacken.

4. Die Kapern und das Zitronen-Aroma hinzufügen und mit Salz und Pfeffer abschmecken. Die Klöße in die Sauce geben und mit Petersilie bestreut servieren.

Cevapcici à la Dukan

Zubereitung: 25 Minuten
Marinierzeit: 1 Stunde
Für 2–3 Personen (20 Stück)

2 Knoblauchzehen
300 g mageres Rinderhackfleisch
300 g mageres Kalbshackfleisch
2 TL scharfes Paprikapulver
2 Tropfen Tabasco
Salz, Pfeffer
2 TL Backpulver

1. Ein Backblech mit Backpapier belegen. Den Knoblauch schälen und fein hacken. Den Knoblauch und die beiden Sorten Hackfleisch gut vermischen, Paprika, Tabasco, Salz, Pfeffer und das Backpulver dazugeben und gut untermischen.
2. Aus dem Fleischteig mit feuchten Händen längliche, daumendicke Würstchen formen und flach drücken.
3. Eine Platte mit Backpapier belegen und die Cevapcici daraufsetzen. Mit Frischhaltefolie bedeckt etwa 1 Stunde im Kühlschrank ziehen lassen.
4. Den Backofengrill anstellen. Das Backpapier mit den Cevapcici auf ein Backblech ziehen. Das Blech unter den Grill schieben und die Cevapcici 10–15 Minuten braten, dabei öfters wenden und aufpassen, dass sie nicht verbrennen. Warm genießen!

TIPP
Dazu passt entweder eine pikante Frischkäsesauce oder Diätketchup ohne Zucker.

Saltimbocca alla romana

Zubereitung: 20 Minuten
Für 2 Personen

6 dünne Kalbsschnitzel (je 50 g)
6 Salbeiblätter
6 dünne Scheiben magerer roher Schinken (max. 3 % Fett)
60 ml Gemüsebrühe (0 % Fett)
30 ml Weißwein, Salz, Pfeffer
2 TL Rosmarinnadeln, fein geschnitten
2 Tropfen Butterschmalz-Aroma

Außerdem
Holzspießchen

1. Die Kalbsschnitzel zwischen Frischhaltefolie flach klopfen. Die Salbeiblätter abreiben. Jeweils 1 Scheibe Schinken und 1 Salbeiblatt auf jedes Schnitzel legen und mit einem Holzspießchen feststecken. Oder belegte Schnitzel aufrollen.

2. Eine beschichtete Pfanne ohne Fett erhitzen und die Schnitzel darin auf jeder Seite 1–2 Minuten braten, herausnehmen. Brühe und Wein angießen, aufkochen und 3–5 Minuten einkochen lassen. Schnitzel und Sauce mit Salz, Pfeffer, Rosmarin und Butterschmalz-Aroma würzen und servieren.

Konjak-Nudeln alla carbonara

Zubereitung: 20 Minuten
Für 2 Personen

220 g Konjak-Nudeln (Asienladen), Salz
1 kleine Zwiebel
50 g magerer roher Schinken (max. 3 % Fett)
1 EL entrahmte Milch (0,1 % Fett)
15 g Frischkäse (0,2 % Fett)
1 Ei, Pfeffer
frisch geriebene Muskatnuss
1 TL frisch gehackte Petersilie

1. Die Nudeln in einem Sieb unter fließendem Wasser 2 Minuten abspülen. In Salzwasser 3 Minuten kochen, wieder in ein Sieb gießen und abtropfen lassen.

2. Die Zwiebel schälen und fein hacken. Den Schinken in kleine Würfel schneiden. Eine beschichtete Pfanne ohne Öl erhitzen. Die Zwiebel darin andünsten, den Schinken zugeben und mitdünsten.

3. Milch und Frischkäse unterrühren, das Ei verquirlen und dazugeben. Mit Salz, Pfeffer und Muskatnuss würzen.

4. Die Nudeln in die Pfanne geben, mit der Sauce mischen und mit Petersilie bestreuen. Sofort genießen.

oben: Konjak-Nudeln alla carbonara • unten: Saltimbocca alla romana

PHASE
1

Wiener Schnitzel à la Dukan

Zubereitung: 20 Minuten
Für 2 Personen

2 Kalbschnitzel (je 150 g)
1 Ei
2 Tropfen Butterschmalz-Aroma
4 EL Haferkleie
2 EL Weizenkleie
3 Tropfen Olivenöl
Salz, Pfeffer
1 EL frisch gehackte Petersilie
6 Tropfen Zitronensaft

1. Die Schnitzel mit Frischhaltefolie bedeckt flach klopfen. Das Ei verquirlen und das Butterschmalz-Aroma unterrühren. Haferkleie und Weizenkleie auf einem Teller vermischen. Die Schnitzel kurz in das verquirlte Ei tauchen, dann auf beiden Seiten in der Kleiemischung wenden. Überschüssige Panade abklopfen.
2. Das Olivenöl mit Küchenpapier in einer Pfanne verteilen. Die panierten Schnitzel darin auf jeder Seite 3–4 Minuten goldbraun braten.
3. Die Schnitzel mit je 1 Prise Salz und Pfeffer würzen und mit Petersilie bestreuen. Mit dem Zitronensaft beträufeln.

Kaninchen in der Folie

Zubereitung: 15 Minuten
Garzeit: 50 Minuten
Für 4 Personen

2 sehr dünne Hähnchenschnitzel
etwas Öl
2 Kaninchenrücken
2 Zweige Thymian
1 Lorbeerblatt
2 Zweige Bohnenkraut
2 Zweige Rosmarin
Salz, Pfeffer

1. Den Backofen auf 220 °C vorheizen. Die Schnitzel waschen und trocken tupfen. Das Öl mithilfe von Küchenpapier in einer Pfanne verteilen und die Schnitzel darin bei starker Hitze kurz anbraten.
2. Die Kaninchenrücken und die Schnitzel halbieren. Je einen halben Kaninchenrücken mit einem halben Schnitzel umwickeln. Die Kräuter waschen und trocken schütteln.
3. Die Fleischpäckchen mit den Kräutern auf vier Stücken Alufolie verteilen und mit Salz und Pfeffer würzen. Die Folien verschließen und das Fleisch im heißen Ofen etwa 50 Minuten garen.

Käse-Wurst-Salat à la Dukan

Zubereitung: 15 Minuten
Marinierzeit: 1 Stunde
Für 2 Personen

300 g Paprikalyoner (ersatzweise Putenlyoner)
20 g fettarmer Gouda
3 Gewürzgurken
1 kleine rote Zwiebel
1 kleines Bund Schnittlauch
1 TL Dijonsenf, 2 EL Essig
Paprikapulver, Pfeffer, 1 TL Maggi

1. Lyoner, Gouda und Gewürzgurken in dünne Streifen schneiden und in eine Schüssel geben. Die Zwiebel schälen und in dünne Ringe schneiden. Den Schnittlauch waschen, trocken schütteln und in Röllchen schneiden.
2. Senf, Essig, 3 EL Wasser, etwas Paprikapulver, Pfeffer, Schnittlauch, Zwiebel und Maggi gründlich verrühren.
3. Die Zutaten gut mit dem Dressing mischen und den Salat mit Frischhaltefolie bedeckt 1 Stunde im Kühlschrank marinieren.

Schinkenröllchen mit Quark

Zubereitung: 10 Minuten
Kühlzeit: 30 Minuten
Für 2 Personen

1 kleine Knoblauchzehe
3 Frühlingszwiebeln
100 g Magerquark
4 Scheiben magerer Schinken (ohne Fettrand)
4 Salatblätter
2 Stängel Petersilie

1. Den Knoblauch schälen und hacken. Die Frühlingszwiebeln waschen und fein schneiden. Beides unter den Quark rühren.
2. Die Schinkenscheiben mit dem Quark bestreichen und aufrollen. Zugedeckt 30 Minuten in den Kühlschrank stellen, bis der Quark fest geworden ist.
3. Die Salatblätter waschen und trocken tupfen. Die Petersilie ebenfalls waschen und trocken schütteln. Je 2 Salatblätter auf jeden Teller verteilen, die Schinkenröllchen darauf anrichten und mit Petersilie garnieren.

Feurige Konjak-Nudel-Muffins

Zubereitung: 20 Minuten
Backzeit: 20–25 Minuten
Für 2 Personen (6 Stück)

220 g Konjak-Nudeln (Asienladen)
Salz
1 Knoblauchzehe
20 g fettarmer Gouda
50 g magerer roher Schinken (max. 3 % Fett)
je 2–3 Stängel Basilikum und Petersilie
1 Msp. Tomatenmark
1 TL Chilipulver
2 Tropfen Tabasco
1 Tropfen Oliven-Aroma
Pfeffer

Außerdem
1 Muffinform mit 6 Mulden aus Silikon

1. Die Nudeln in einem Sieb unter fließendem Wasser 2 Minuten abspülen. In Salzwasser 1–2 Minuten kochen, wieder in ein Sieb gießen und abtropfen lassen. Den Backofen auf 180 °C vorheizen.

2. Knoblauch schälen und fein hacken. Gouda und Schinken klein würfeln. Kräuter waschen, trocken schütteln und klein hacken. Die Nudeln mit Knoblauch, Käse, Schinken, Tomatenmark, Kräutern, Chilipulver, Tabasco, Oliven-Aroma, Salz und Pfeffer gut vermischen.

3. Eine Muffinform mit 6 Mulden bereitstellen und die Nudelmischung portionsweise mit einer Gabel drehend auf die Mulden verteilen. Im heißen Ofen in 20–25 Minuten goldbraun und knusprig backen. Warm genießen!

Fleischbällchen mit Kräutern

Zubereitung: 40 Minuten
Für 2–3 Personen

1 Zwiebel
2 Knoblauchzehen
1–2 Zweige Rosmarin
1–2 Stängel Minze oder Basilikum
750 g mageres Rindfleisch
1 Ei
2 EL chinesische Pflaumensauce
1 EL Worcestersauce
Salz, Pfeffer

1. Die Zwiebel und den Knoblauch schälen, die Zwiebel fein hacken und den Knoblauch durch die Presse drücken. Rosmarin und Minze oder Basilikum waschen und trocken schütteln. Die Rosmarinnadeln abstreifen und fein hacken, die Minze- oder Basilikumblätter abzupfen und fein schneiden.
2. Das Fleisch sehr fein hacken und mit Zwiebel, Knoblauch, dem verquirlten Ei, den Kräutern, der Pflaumen- und der Worcestersauce sowie etwas Salz und Pfeffer gut vermischen.
3. Aus dem Fleischteig walnussgroße Bällchen formen und in einer großen beschichteten Pfanne bei mittlerer Hitze portionsweise in je etwa 5 Minuten rundherum braun braten. Auf Küchenpapier abtropfen lassen und servieren.

TIPP
Wenn Sie die Fleischbällchen in Phase 2 zubereiten, können Sie beispielsweise die Kalte Tomatensauce mit Schalotten von Seite 248 dazu genießen.

Kalbsbraten mit feiner Sauce

Zubereitung: 15 Minuten
Garzeit: 1 Stunde
Für 2 Personen

500 g Kalbsbraten
Salz, Pfeffer
1 Knoblauchzehe
1 Schalotte
1 kleine Tomate
200 ml fettarmer Kalbsfond (aus dem Glas)
1 TL getrocknete Kräuter (Oregano, Kräuter der Provence und Basilikum)

1. Den Braten mit Salz und Pfeffer würzen und in einem gusseisernen Schmortopf zunächst bei starker und danach bei mittlerer Hitze rundherum anbraten.
2. Inzwischen den Knoblauch und die Schalotte schälen und hacken. Die Tomate waschen und ohne Stielansatz klein schneiden.
3. Sobald das Fleisch schön angebräunt ist, den Kalbsfond dazugießen. Knoblauch, Schalotte und die Kräuter hinzufügen und mit Salz und Pfeffer würzen. Den Braten zugedeckt bei mittlerer Hitze etwa 1 Stunde garen.
4. Das Fleisch herausnehmen. Die Sauce etwas einkochen lassen und zum Schluss die Tomatenwürfel hinzufügen. Den Braten in Scheiben schneiden, auf einer Platte anrichten und die Sauce extra dazu reichen.

Kalbsleber mit Thymian und Himbeeressig

Zubereitung: 25 Minuten
Für 2 Personen

1 große Zwiebel
200 g Kalbsleber
etwas Öl
Salz, Pfeffer
2 Schalotten
2–4 Zweige Thymian
2 EL Himbeeressig
1 Lorbeerblatt

1. Die Zwiebel schälen und in Ringe schneiden. Die Kalbsleber von Sehnen befreien. Etwas Öl in eine beschichtete Pfanne geben und die Zwiebelringe darin goldgelb andünsten. Aus der Pfanne nehmen und auf einem Teller beiseitestellen.

2. Die Pfanne erneut mit etwas Öl ausreiben und die Leber auf jeder Seite etwa 4 Minuten braten. Mit Salz und Pfeffer würzen, aus der Pfanne nehmen und zugedeckt warm stellen.

3. Die Schalotten schälen und hacken. Den Thymian waschen und trocken schütteln, die Blättchen abzupfen und fein hacken. Die Schalotten in der Pfanne bei mittlerer Hitze sehr weich dünsten.

4. Essig, Thymian und Lorbeerblatt hinzufügen und das Ganze noch etwa 2 Minuten unter Rühren kochen lassen. Die Leber in die Pfanne legen und noch einmal erhitzen. Sofort mit den Zwiebelringen auf zwei Teller verteilen und servieren.

Rindfleisch asiatisch

Zubereitung: 20 Minuten
Marinierzeit: 30 Minuten
Für 2 Personen

400 g mageres Rindfleisch
1 großes Stück Ingwer
2 EL Sojasauce
1 EL Austernsauce
Pfeffer
etwas Öl
4 Knoblauchzehen
einige Stängel Koriandergrün

1. Das Fleisch in 1 cm große Würfel schneiden und in eine Schüssel geben. Den Ingwer schälen und durch die Knoblauchpresse drücken oder sehr fein hacken.

2. Ingwer, Sojasauce, Austernsauce und Pfeffer zum Fleisch geben, alles gut vermischen und zugedeckt im Kühlschrank mindestens 30 Minuten marinieren lassen.

3. Kurz vor dem Servieren eine Pfanne mit wenig Öl ausreiben. Den Knoblauch schälen, durch die Presse drücken und im heißen Öl goldbraun anbraten, bis er sein Aroma entfaltet, er darf aber keinesfalls dunkel werden.

4. Das Fleisch dazugeben und bei starker Hitze unter ständigem Rühren rundherum anbraten. Dann die Fleischstreifen 10–15 Sekunden unter Rühren weiterbraten (das Fleisch sollte noch leicht blutig sein). Auf Teller verteilen und mit Koriandergrün garniert sofort servieren.

PHASE
1

Angriffsphase

Eier

Leckere Rezepte wie Omelett mit Tofu, Rührei mit Räucherlachs oder die berühmten Salzburger Nockerl – natürlich à la Dukan – erleichtern Ihnen den Start in den Tag oder vertreiben den kleinen Hunger zwischendurch.

Eier im Töpfchen mit Räucherlachs

Zubereitung: 15 Minuten
Für 2 Personen

6 TL Magerquark
einige Stängel Estragon oder Kerbel
1 kleine Scheibe Räucherlachs
2 Eier
Salz, Pfeffer

Außerdem
2 kleine ofenfeste Förmchen

1. Den Quark auf die ofenfesten Förmchen verteilen. Die Kräuter waschen und trocken schütteln, die Blättchen abzupfen und sehr fein hacken. Je 1 Msp. Kräuter auf den Quark geben.
2. Den Räucherlachs in feine Streifen schneiden und auf dem Quark verteilen. Die Eier nacheinander vorsichtig über den Förmchen aufschlagen und je 1 Ei in jede Form gleiten lassen.
3. In einem weiten Topf etwas Wasser zum Kochen bringen. Die Förmchen in das kochende Wasserbad stellen. Es darf nur so wenig Wasser sein, dass es nicht in die Förmchen gelangt. Die Eier zugedeckt bei mittlerer Hitze 3–5 Minuten stocken lassen. Mit Salz und Pfeffer würzen und gleich genießen.

TIPP
Der Räucherlachs kann auch durch mageren rohen Schinken oder Bündnerfleisch ersetzt werden.

Rührei mit Räucherlachs

Zubereitung: 20 Minuten
Für 2 Personen

50 g Räucherlachs
2 Schnittlauchhalme
4 Eier
Salz, Pfeffer
40 ml entrahmte Milch (0,1 % Fett)
½ EL Magerquark

1. Den Räucherlachs in feine Streifen schneiden. Den Schnittlauch waschen, trocken schütteln und in Röllchen schneiden.
2. Die Eier in einer Schüssel verschlagen und mit wenig Salz und Pfeffer würzen. Den Boden einer Pfanne mit Milch bedecken, die Eier hineingießen und bei schwacher Hitze stocken lassen. Dabei das Ei ständig mit einem Pfannenwender vom Pfannenrand zur Mitte schieben.
3. Die Pfanne vom Herd nehmen, den Lachs und den Quark unterrühren und das Rührei sofort mit Schnittlauch garniert servieren.

Rührei

Zubereitung: 10 Minuten
Für 2 Personen

4 Eier
50 ml entrahmte Milch (0,1 % Fett)
Salz, Pfeffer
frisch geriebene Muskatnuss
2 Stängel Petersilie (ersatzweise Schnittlauch)

1. Die Eier kräftig verschlagen, die Milch unterrühren und die Mischung mit Salz, Pfeffer und 1 Prise Muskat würzen. Die Petersilie waschen und trocken schütteln, die Blättchen abzupfen und fein hacken.
2. Eine Kasserolle in ein Wasserbad stellen, die Eier hineingießen und bei schwacher Hitze stocken lassen. Dabei das Ei ständig sanft vom Pfannenrand zur Mitte schieben. Das Rührei mit der Petersilie bestreuen und sofort servieren.

TIPP
Wenn Sie das Rührei wie hier beschrieben im Wasserbad zubereiten, geht es ganz ohne Fett. Und das Ei wird wunderbar luftig.

Omelett mit Tofu

Zubereitung: 20 Minuten
Für 2 Personen

¼ Zwiebel
½ Knoblauchzehe
1 Ei
1 EL Sojasauce
Pfeffer
200 g Tofu
¼ grüne Paprikaschote
1 EL frisch gehackte Petersilie

1. Zwiebel und Knoblauch schälen und fein hacken. Das Ei in einer kleinen Schüssel mit Sojasauce, Zwiebel, Knoblauch und Pfeffer verschlagen.
2. Den Tofu in feine Würfel schneiden. Die Paprikaschote von den Trennwänden und Kernen befreien, waschen und in feine Würfel scheiden. Tofu- und Paprikawürfel unter die Eier mischen.
3. Die Mischung in eine große Pfanne gießen und zugedeckt bei schwacher Hitze stocken lassen. Das Omelett mit Petersilie bestreuen, halbieren und servieren.

Quiche ohne Boden

Zubereitung: 15 Minuten
Backzeit: 20 Minuten
Für 2 Personen

3 Eier
2 Scheiben Geflügelschinken
½ Zwiebel
6 EL Magerquark
frisch geriebene Muskatnuss
Salz, Pfeffer
etwas Öl

Außerdem
1 Tarteform

1. Den Backofen auf 240 °C vorheizen. Die Eier in einer Schüssel gut verschlagen. Den Schinken in feine Würfel schneiden. Die halbe Zwiebel schälen und hacken.
2. Quark, Eier, Schinken und Zwiebel mit 1 Prise Muskatnuss, Salz und Pfeffer gut verrühren. Die Mischung in eine mit etwas Öl eingefettete Tarteform füllen. Die Quiche im heißen Ofen etwa 20 Minuten backen.

Salzburger Nockerl à la Dukan

Zubereitung: 20 Minuten
Für 2 Personen

2 Eiweiß (Größe L)
½ TL flüssiger Süßstoff
1 ½ EL Haferkleie
1 Eigelb (Größe L)
½ TL Vanille-Aroma
1 Tropfen Zitronen-Aroma
60 ml entrahmte Milch (0,1 % Fett)

1. Den Backofen auf 200 °C vorheizen. Die Eiweiße mit dem Süßstoff zu steifem Schnee schlagen. Die Haferkleie nach und nach hinzufügen. Das Eigelb mit dem Vanille- und dem Zitronen-Aroma mischen und vorsichtig unter den Eischnee heben.
2. Die Milch in einen kleinen Topf geben und leicht erwärmen. Eine ofenfeste Form bereitstellen und die warme Milch hineingießen. Aus der Nockerlmasse mit Esslöffeln 2 große Nocken abstechen und vorsichtig in die warme Milch gleiten lassen.
3. Die Salzburger Nockerl im heißen Ofen 8–10 Minuten backen. Sofort servieren, sonst fallen sie zusammen.

TIPP
Wenn Ihnen der Teig zu flüssig geraten ist, können Sie die Salzburger Nockerl auch in einem Bratschlauch oder Bratbeutel im Backofen oder in der Mikrowelle zubereiten. Lesen Sie dazu genau die Gebrauchsanweisung auf der Verpackung. Die Nockerl werden bei dieser Methode etwas kompakter.

Angriffsphase

Fisch & Meeresfrüchte

Schon einmal Garnelentatar oder thailändische Fischplätzchen probiert? In diesem Kapitel lernen Sie eine große Auswahl an internationalen Gerichten kennen, die Sie allesamt rank und schlank werden lassen!

Seelachsfilet auf indische Art

Zubereitung: 25 Minuten
Für 2 Personen

300 g Seelachsfilet
¼ l fettarme Fischbrühe
1 Zwiebel
etwas Öl
1 Eigelb
Salz, Pfeffer
½ TL Currypulver
1 Prise Safran
1 EL frisch gehackte Petersilie

1. Die Fischfilets waschen und trocken tupfen. Eventuell vorhandene Gräten herausziehen. Die Fischbrühe in einem Topf zum Kochen bringen und die Fischfilets darin bei schwacher Hitze etwa 5 Minuten pochieren.
2. Inzwischen die Zwiebel schälen und hacken. Eine beschichtete Pfanne mit etwas Öl ausreiben und die Zwiebel darin goldgelb andünsten. Mit 1 Schöpflöffel Fischbrühe ablöschen und etwa 2 Minuten einkochen lassen.
3. Das Eigelb in einer kleinen Schüssel mit etwas Fischbrühe verschlagen und in die Sauce einrühren. Bei schwacher Hitze eindicken lassen (sie darf nicht mehr kochen) und mit Salz, Pfeffer, Currypulver und Safran würzen. Die Fischfilets auf einer vorgewärmten Platte anrichten, mit Sauce überziehen und mit Petersilie bestreuen.

Kabeljau mit Senfsauce

Zubereitung: 20 Minuten
Für 2 Personen

2 Kabeljaufilets (je etwa 180 g)
Salz
1 großes Bund Petersilie
250 g Joghurt (0,1 % Fett)
2 EL Senf
etwas Zitronensaft
4 EL Kapern
Pfeffer

1. Die Kabeljaufilets waschen und trocken tupfen. Eventuell vorhandene Gräten herausziehen. Die Filets salzen und in einem Topf mit Dämpfeinsatz je nach Dicke 8–10 Minuten dämpfen.
2. Inzwischen die Petersilie waschen und trocken schütteln, die Blätter abzupfen und fein hacken. Den Joghurt in einem kleinen Topf mit Senf, Zitronensaft, Kapern und Petersilie verrühren, mit Pfeffer würzen und bei schwacher Hitze heiß werden lassen.
3. Die Fischfilets auf Teller verteilen, mit der Sauce überziehen und sehr heiß servieren.

Kabeljau mit Schalotten

Zubereitung: 30 Minuten
Für 2 Personen

4 Schalotten
50 g Magerquark
1 EL Senf
2 EL Zitronensaft
Salz, Pfeffer
2 Kabeljaufilets (je etwa 180 g)

Außerdem
1 ofenfeste Form

1. Den Backofen auf 180 °C vorheizen. Die Schalotten schälen, hacken und in einem Topf in 1 EL Wasser glasig dünsten.
2. Den Quark mit Senf und Zitronensaft verrühren und mit Salz und Pfeffer würzen. Den Fisch waschen und trocken tupfen. Eventuell vorhandene Gräten herausziehen.
3. Die Schalotten in einer ofenfesten Form verteilen, das Fischfilet darauflegen, mit der Quarksauce überziehen und im heißen Ofen etwa 15 Minuten garen.

Seezunge mit Sauerampfer

Zubereitung: 25 Minuten
Marinierzeit: 2 Stunden
Für 2 Personen

4 Seezungenfilets (je etwa 50 g)
10 kleine Blätter Sauerampfer
Saft von 2 Zitronen
Salz, Pfeffer

1. Die Seezungenfilets waschen und trocken tupfen. Eventuell vorhandene Gräten herausziehen. Den Sauerampfer abreiben und mit dem Zitronensaft verrühren. Die Fischfilets mindestens 2 Stunden darin marinieren.
2. Die Fischfilets abtropfen lassen. Eine beschichtete Pfanne erhitzen und die Seezungenfilets darin auf jeder Seite 3–4 Minuten braten. Mit Salz und Pfeffer würzen. Die Filets mit der Marinade beträufeln und servieren.

TIPP
Zur Seezunge mit Sauerampfer passt die Senfsauce von Seite 249.

Garnelen-Quark-Kuchen

Zubereitung: 10 Minuten
Backzeit: 30 Minuten
Für 2 Personen

4 Eier
Salz, Pfeffer
500 g Magerquark
300 g geschälte gegarte Garnelen

Außerdem
1 kleine ofenfeste Form

1. Den Backofen auf 200 °C vorheizen. Die Eier kräftig verschlagen, mit Salz und Pfeffer würzen und mit dem Quark verrühren. Zum Schluss die Garnelen unterheben.
2. Die Mischung in eine kleine ofenfeste Form füllen und den Kuchen im heißen Ofen 30 Minuten backen.

Gefüllter ganzer Fisch

Zubereitung: 30 Minuten
Ruhezeit: 3–4 Stunden
Garzeit: 40 Minuten
Für 4 Personen

1 Bund Petersilie
1 Bund Koriandergrün
½ Chilischote
3 Stängel Zitronengras
2 Bund Frühlingszwiebeln
4 Knoblauchzehen
1 kleines Stück Ingwer
1 Bio-Zitrone
1 TL Kreuzkümmel
100 ml Weißwein
1 ganzer küchenfertiger Fisch (z. B. Lachsforelle, Wolfsbarsch oder Dorade; etwa 1,5 kg)
Salz, Pfeffer

1. Petersilie und Koriandergrün waschen und trocken schütteln, die Blätter abzupfen und fein hacken. Die halbe Chilischote entkernen und hacken. Das Zitronengras waschen und in sehr feine Ringe schneiden. Die Frühlingszwiebeln waschen, putzen und klein schneiden. Den Knoblauch und den Ingwer schälen, den Knoblauch fein hacken und den Ingwer reiben.
2. Kräuter, Chili, Zitronengras, Frühlingszwiebeln, Knoblauch und Ingwer in eine Schüssel geben. Die Zitrone heiß waschen, abtrocknen und die Schale in feinen Zesten abziehen. Mit dem Kreuzkümmel unter die Zutaten mischen. Den Weißwein hinzufügen und die Mischung 3–4 Stunden im Kühlschrank durchziehen lassen.
3. Den Backofen auf 190 °C vorheizen. Den Fisch innen und außen waschen, trocken tupfen, innen und außen mit Salz und Pfeffer würzen und mit der Kräutermischung füllen. Auf ein mit Backpapier ausgelegtes Backblech legen und im heißen Ofen etwa 40 Minuten garen.

Omelettrouladen mit Räucherlachs

Zubereitung: 20 Minuten
Kühlzeit: 3 Stunden
Für 2 Personen

2 Eier
2 TL Maisstärke
½ Bund Schnittlauch
1 kleines Stück Ingwer
70 g Räucherlachs
170 g Magerquark
Pfeffer, frisch gehackte Petersilie

1. 1 Ei mit 1 EL Wasser und 1 TL Maisstärke verrühren. Aus der Hälfte des Teigs in einer Pfanne ohne Fett ein dünnes Omelett backen. Auf die gleiche Weise ein zweites Omelett backen.

2. Schnittlauch waschen und in Röllchen schneiden. Ingwer schälen und sehr fein hacken. Räucherlachs in dünne Streifen schneiden. Die Omeletts vorsichtig mit dem Quark bestreichen, mit Schnittlauch, Ingwer und Lachs bestreuen und mit Pfeffer würzen.

3. Jedes Omelett auf ein Stück Frischhaltefolie legen und fest aufrollen. Etwa 3 Stunden in den Kühlschrank legen. Anschließend mit einem Messer in Scheiben schneiden und mit Petersilie garniert servieren.

Garnelentatar mit Dill-Mayonnaise

Zubereitung: 10 Minuten
Für 2 Personen

5 Stängel Dill
6 EL Dukan-Mayonnaise (siehe Tipp)
250 g geschälte gegarte Garnelen
scharfes Paprikapulver
Pfeffer

1. Den Dill waschen und trocken schütteln, die Blätter abzupfen und fein schneiden. Unter die Mayonnaise rühren. Die Garnelen grob hacken, ebenfalls unter die Mayonnaise heben und mit 2 Prisen Paprikapulver würzen.

2. Das Tatar nochmals durchrühren und mit Pfeffer abschmecken.

TIPP

Für die Dukan-Mayonnaise 1 hart gekochtes Ei pellen, mit der Gabel fein zerdrücken und mit 1 TL Senf verrühren. 50 g fettarmen Frischkäse oder Magerquark untermischen. Mit Salz und Pfeffer würzen.

Thunfischsuppe

Zubereitung: 30 Minuten
Garzeit: 25 Minuten
Für 2 Personen

Salz
1 kleine Dose Thunfisch (im eigenen Saft, Abtropfgewicht 150 g)
1 kleine Zwiebel
1 Knoblauchzehe
2 EL Tomatenmark
Pfeffer
flüssiger Süßstoff

1. In einem Topf ½ l Wasser zum Kochen bringen und salzen. Den Thunfisch abtropfen lassen und grob zerkleinern. Zwiebel und Knoblauch schälen und hacken.
2. Den Thunfisch mit Zwiebel, Knoblauch und dem Tomatenmark in den Topf geben. Mit Pfeffer würzen und bei schwacher Hitze zugedeckt 25 Minuten kochen lassen.
3. Die Thunfischsuppe mit 1 Spritzer Süßstoff, Salz und Pfeffer abschmecken.

Goldbrasse mit Zwiebeln

Zubereitung: 40 Minuten
Für 2 Personen

2 Zwiebeln
etwas Öl
4 Goldbrassenfilets
Salz, Pfeffer
2 Stängel Petersilie

1. Die Zwiebeln schälen und hacken. Eine beschichtete Pfanne mit etwas Öl ausreiben und die Zwiebeln darin bei schwacher Hitze glasig dünsten.
2. Den Backofen auf 180 °C vorheizen. Die Zwiebeln auf zwei Bögen Backpapier verteilen. Die Fischfilets waschen und trocken tupfen. Eventuell vorhandene Gräten entfernen. Filets auf die Zwiebeln legen, mit Salz und Pfeffer würzen. Die Petersilie waschen und trocken schütteln, die Blätter abzupfen und fein hacken. Auf die Fischfilets streuen.
3. Das Papier verschließen, die Päckchen in eine ofenfeste Form oder auf das Backblech legen und die Filets im heißen Ofen etwa 15 Minuten garen.

Omelett mit Meeresfrüchten

Zubereitung: 15 Minuten
Garzeit: 30 Minuten
Für 2 Personen

2 Eier
¼ l entrahmte Milch (0,1 % Fett)
60 g kleine Garnelen (aus der Dose)
60 g Krebsfleisch (aus der Dose)
60 g Miesmuscheln (aus der Dose)
Salz, Pfeffer

Außerdem
2 ofenfeste Förmchen (à 200 ml)

1. Den Backofen auf 210 °C vorheizen. Die Eier in einer Schüssel mit der Milch verschlagen. Die Meeresfrüchte abtropfen lassen und zu den Eiern geben. Die Zutaten gut verrühren und mit Salz und Pfeffer würzen.
2. Die Mischung auf die Förmchen verteilen. Ins tiefe Backblech oder eine größere Form stellen und sehr heißes Wasser bis zur Hälfte der Förmchen angießen. Omeletts im heißen Ofen etwa 30 Minuten stocken lassen.

Knusprige Fisch-Nuggets

Zubereitung: 25 Minuten
Ruhezeit: 30 Minuten
Für 2 Personen

3 EL Haferkleie
2 TL Weizenkleie
2 Eier, 2 EL Magerquark
Salz, Pfeffer
400 g Kabeljaufilet
2 Stängel Petersilie
4 Tropfen Zitronensaft

1. Den Backofen auf 190 °C vorheizen. Für den Teig Haferkleie, Weizenkleie, Eier und Quark gut verrühren. Den Teig salzen, pfeffern und 30 Minuten ruhen lassen.
2. Das Kabeljaufilet waschen und trocken tupfen. In kleine Stücke schneiden und mit Salz und Pfeffer würzen. Die Fischstücke mit dem Teig panieren, sodass sie vollständig davon umhüllt sind.
3. Die Fisch-Nuggets auf einem mit Backpapier belegten Blech verteilen und im heißen Ofen 10–12 Minuten backen. Die Petersilie waschen und trocken schütteln, die Blätter abzupfen und fein hacken. Die Fisch-Nuggets auf Tellern anrichten, mit Zitronensaft beträufeln und mit Petersilie bestreuen.

Rollmops-Häppchen à la Dukan

Zubereitung: 30 Minuten
Marinierzeit: 2 Tage
Für 2 Personen

10 Pfefferkörner, 2 Lorbeerblätter
¼ l Essig (z. B. Apfelessig)
2 Essiggurken, 1 Zwiebel
6 Salzheringe (über Nacht gewässert)
2 TL Dijonsenf, 1 TL Kapern
1 TL frisch gehackter Dill

Außerdem
Holzspießchen

1. Für den Sud 100 ml Wasser mit Pfefferkörnern und Lorbeerblättern in einem Topf 2 Minuten kochen. Abkühlen lassen und den Essig dazugeben. Die Essiggurken längs in je sechs Scheiben schneiden. Die Zwiebel schälen und in dünne Ringe schneiden.
2. Die Salzheringe mit Senf bestreichen und mit Gurkenstreifen, Zwiebelringen, Kapern und Dill belegen. Nicht zu fest aufrollen, mit Holzspießchen fixieren.
3. Die Röllchen in ein Glas geben und den Sud darübergießen. Zugedeckt im Kühlschrank 2 Tage marinieren lassen. Marinierte Röllchen abtropfen, trocken tupfen und anrichten.

Jakobsmuscheln mit Sauerampfer

Zubereitung: 30 Minuten
Für 2 Personen

2 Schalotten
etwas Öl
4 TL Magerquark
6–8 Jakobsmuscheln
Salz, Pfeffer
100 g Sauerampfer

1. Die Schalotten schälen und fein schneiden. Etwas Öl in einer Pfanne erhitzen und die Schalotten und den Quark darin warm werden lassen.
2. Die Jakobsmuscheln mit Salz und Pfeffer würzen und in einer zweiten Pfanne bei starker Hitze kurz braun anbraten. Herausnehmen und warm stellen.
3. Den Sauerampfer waschen, trocken schütteln und in die Pfanne geben. Bei mittlerer Hitze etwa 10 Minuten kochen lassen. Den Sauerampfer auf zwei Teller verteilen, die Jakobsmuscheln darauf anrichten und mit der Sauce überziehen.

PHASE
1

Lachs-Seeteufel-Terrine mit Limette

Zubereitung: 55 Minuten
Marinierzeit: 1 Stunde
Gelierzeit: 4 Stunden
Für 6 Personen

400 g frisches Lachsfilet (ohne Haut, Sushi-Qualität)
200 g Seeteufelfilet (ohne Haut)
100 ml Limettensaft, 1 Spritzer Tabasco
frisch geriebene Muskatnuss, Pfeffer
1 Päckchen Gelatinepulver, 6 EL Madeira
1 TL rosa Pfefferbeeren
4 kleine weiße Zwiebeln
2 große Stängel Basilikum
1 Limette zum Servieren

Außerdem

1 Kastenform

1. Beide Fischfilets waschen und trocken tupfen. In 3 mm dünne Scheiben schneiden und in einer Schüssel verteilen.
2. Den Limettensaft mit Tabasco, 1 Prise Muskat und etwas Pfeffer verrühren. Den Fisch damit übergießen und zugedeckt 1 Stunde im Kühlschrank marinieren.
3. Das Gelatinepulver mit dem Madeira anrühren. 400 ml Wasser abmessen und etwas Wasser zur Gelatine-Madeira-Mischung geben. Leicht erhitzen und unter ständigem Rühren die Gelatine auflösen und das übrige Wasser dazugeben.
4. Den Fisch abtropfen lassen. Eine Kastenform (mindestens 1 l Inhalt) mit Frischhaltefolie auskleiden. Die Folie dabei großzügig überstehen lassen.
5. Die Form 2 cm hoch mit Madeiragelee füllen und das Gelee im Kühlschrank fest werden lassen. Die rosa Pfefferbeeren leicht zerstoßen, die Zwiebeln schälen und hacken. Das Basilikum waschen und trocken schütteln, die Blätter abzupfen und fein hacken.
6. Lachs und Seeteufel abwechselnd in die Form schichten und die Pfefferbeeren, die Zwiebeln und das Basilikum dazwischen verteilen.
7. Das restliche Madeiragelee darübergießen. Die Form ein paar Mal auf die Arbeitsfläche stoßen, damit sich die Zutaten gut verteilen und Luftblasen entweichen können. Die überhängende Frischhaltefolie darüberschlagen und die Terrine mindestens 4 Stunden im Kühlschrank fest werden lassen.
8. Die Terrine aus dem Kühlschrank nehmen und vorsichtig auf eine Platte stürzen. Die Limette vierteln und zur Fischterrine reichen.

Thailändische Fischplätzchen

Zubereitung: 50 Minuten
Ruhezeit: 1 Stunde
Für 2–3 Personen

450 g Kabeljaufilet
½ Zwiebel
1 Knoblauchzehe
1 Tropfen Zitronen-Aroma
3 Tropfen Kokosnuss-Aroma
½ TL Garnelenpaste (aus dem Asienladen; ohne Zucker)
1 EL Sojasauce
1 TL Chilipulver
½ TL Kreuzkümmel
½ TL gemahlener Koriander
3 EL Haferkleie
1 TL gehacktes Zitronengras
1 TL frisch geriebener Ingwer
1 EL frisch gehacktes Koriandergrün
1 Ei
Salz, Pfeffer
1 Zitrone

1. Das Fischfilet waschen und trocken tupfen. Eventuell vorhandene Gräten herausziehen. Den Fisch in Würfel schneiden. Die halbe Zwiebel und den Knoblauch schälen und fein hacken.
2. Fischwürfel, Zwiebel, Knoblauch und alle anderen Zutaten (außer der Zitrone) mit dem Pürierstab nicht zu fein zerkleinern. Die Mischung in eine Schüssel geben, mit Folie bedecken und etwa 1 Stunde im Kühlschrank ruhen lassen.
3. Den Backofen auf 200 °C vorheizen. Ein Backblech mit Backpapier belegen. Die Hände leicht anfeuchten und aus der Masse kleine Plätzchen formen. Auf das Backpapier legen.
4. Die Fischplätzchen im heißen Ofen etwa 20 Minuten backen. Nach der Hälfte der Backzeit wenden. Herausnehmen. Zitrone in Schnitze schneiden und zu den Fischplätzchen reichen.

TIPP
Mit einem frischen Magerquark-Dip haben Sie einen idealen Begleiter zu den Fischplätzchen!

PHASE
1

Rochenflügel mit Kräutern

Zubereitung: 30 Minuten
Für 2 Personen

1 dicker Rochenflügel (beim Fischhändler vorbestellen; dicke Haut entfernen lassen)
1 großes Bund gemischte Kräuter
Salz, Pfeffer, 70 ml Essig, 1 Zitrone

1. Rochenflügel waschen. Kräuter waschen und trocken schütteln, je 1 Stängel beiseitelegen. Den Dämpfeinsatz des Schnellkochtopfs mit der Hälfte der Kräuterstängel auskleiden. Den Rochenflügel darauflegen, salzen und pfeffern und mit den restlichen Kräuterstängeln bedecken.
2. Den Essig und 400 ml Wasser dazugießen. Den Dämpfeinsatz oben einsetzen, den Topf verschließen und den Rochenflügel etwa 5 Minuten garen. Kräuter entfernen, Filets lösen und je auf einen vorgewärmten Teller legen.
3. Mit Salz und Pfeffer würzen. Die Zitrone halbieren, eine Hälfte auspressen, die andere halbieren. Die übrigen Kräuter fein hacken. Filets mit Zitronensaft und Kräutern würzen und sofort mit den Zitronenschnitzen servieren.

Seelachs mit Kapern

Zubereitung: 35 Minuten
Für 2 Personen

4 Seelachsfilets
1 Lorbeerblatt
3 Pfefferkörner, Salz
1 Stängel Petersilie
½ Bund Schnittlauch
125 g Joghurt (0,1 % Fett)
1 Eigelb
2 EL Zitronensaft
2 EL Kapern

1. Fisch waschen und trocken tupfen. Eventuell vorhandene Gräten herausziehen. Fisch mit Lorbeerblatt, Pfefferkörnern und Salz in eine große beschichtete Schmorpfanne geben. Mit kaltem Wasser bedecken, bei schwacher Hitze aufkochen und 10 Minuten köcheln lassen. Kräuter waschen, trocken schütteln und klein schneiden.
2. Den Joghurt in einem Topf bei schwacher Hitze erwärmen. Das Eigelb mit dem Zitronensaft verrühren und mit dem Schneebesen kräftig unter den Joghurt schlagen, bis die Sauce zu kochen beginnt. Kapern und Kräuter einrühren.
3. Den Fisch abtropfen lassen, auf zwei Tellern anrichten und mit der Sauce überziehen.

oben: Seelachs mit Kapern • unten: Rochenflügel mit Kräutern

Angriffsphase

Galettes

Galette ist ein Sammelbegriff für kleine, runde oder flache Kuchen – herzhaft oder süß. Soweit zur Theorie, aber probieren Sie doch ganz praktisch Cathys Elsässer Flammkuchen à la Dukan oder die süße Galette!

Pikante Galette in vier Varianten

Zubereitung: 15 Minuten
Backzeit: 35 Minuten
Für 2 Personen

Für den Teig
4 EL Haferkleie
2 EL Weizenkleie
2 EL Magerquark
120 g Frischkäse (0,2 % Fett)
6 Eier
nach Belieben frisch gehackte Kräuter
Salz, Pfeffer

Zutaten nach Wahl
330 g Thunfisch im eigenen Saft (aus der Dose)
oder
400 g Räucherlachs
oder
300 g magerer Schinken
oder
300 g mageres Hackfleisch

1. Für den Teig die Haferkleie, die Weizenkleie, den Quark und den Frischkäse glatt verrühren. Die Eier trennen, die Eigelbe unter den Teig rühren und die Eiweiße steif schlagen. Den Teig nach Belieben mit Kräutern verfeinern und mit wenig Salz und Pfeffer würzen.

2. Eine oder mehrere Zutaten Ihrer Wahl vorbereiten: Thunfisch klein zupfen, Räucherlachs und Schinken (ohne Fettrand) klein hacken. Gewählte Zutat unter den Teig heben und den Eischnee unterziehen.

3. Eine hohe Pfanne bei mittlerer Hitze heiß werden lassen. Die Mischung hineingießen und etwa 30 Minuten backen. Die Galette mithilfe eines Pfannenwenders wenden und auf der anderen Seite 5 Minuten backen.

Cathys Elsässer Flammkuchen à la Dukan

Zubereitung: 20 Minuten
Für 2 Personen

Für den Teig
4 EL Haferkleie
2 EL Weizenkleie
6 EL Magermilchpulver
2 Eier
2 Eiweiß
Salz, Pfeffer
4 Tropfen Sonnenblumenöl

Für den Belag
100 g magerer roher Schinken in dünnen Scheiben (max. 3 % Fett)
½ Zwiebel
150 g Frischkäse (0,2 % Fett)
60 g Magerquark
Salz, Pfeffer
frisch geriebene Muskatnuss

1. Für den Teig alle Zutaten bis auf das Öl zu einer homogenen Masse vermischen. Das Sonnenblumenöl in eine Pfanne geben und mit einem Küchenpapier verteilen. Den Teig in die Pfanne geben und bei mittlerer Hitze auf beiden Seiten je 3 Minuten braten.
2. Den Backofengrill vorheizen. Für den Belag den rohen Schinken etwas kleiner zupfen. Die Zwiebel schälen und fein hacken.
3. Den vorgegarten Teig auf ein mit Backpapier belegtes Backblech legen. Den Frischkäse und den Magerquark verrühren und mit Salz, Pfeffer und Muskatnuss würzen. Diese Mischung auf den Teig streichen, die Zwiebel und den Schinken darauf verteilen. Den Flammkuchen im heißen Ofen 7 Minuten backen. Warm genießen!

Pikante Quark-Galette

Zubereitung: 20 Minuten
Backzeit: 40 Minuten
Für 2 Personen

5 Eier, ¼ l entrahmte Milch (0,1 % Fett)
250 g Eiweißpulver (aus dem Reformhaus)
Salz, Pfeffer, einige Basilikumblätter
3–4 Cornichons
100 g magerer Schinken (ohne Fettrand)
1 Bund Schnittlauch, 250 g Magerquark
½ Päckchen Backpulver

1. Die Eier in einer Schüssel verschlagen. Nach und nach Milch und Eiweißpulver unterrühren, salzen und pfeffern. Basilikumblätter abreiben, fein schneiden und hinzufügen. Alles zu einem glatten Teig verrühren.
2. Den Backofen auf 200 °C vorheizen. Cornichons und Schinken fein hacken, Schnittlauch waschen, trocken schütteln und in Röllchen schneiden.
3. Den Quark portionsweise unter den Teig arbeiten und das Backpulver unterrühren. Cornichons, Schinken und Schnittlauch untermischen. Den Teig in eine Tarteform füllen und im heißen Ofen 40 Minuten backen. Kurz abkühlen lassen, stürzen und lauwarm genießen.

Dukan-Brot

Zubereitung: 30 Minuten
Für 2 Personen

2 Eier, 60 g Frischkäse (0,2 % Fett)
2 schwach gehäufte EL Maisstärke
1 EL Backpulver
trockene Aromen nach Belieben, aber kein Salz

Außerdem
kleine Kastenform

1. Den Backofen auf 200 °C vorheizen. Alle Zutaten für das Brot verrühren. Nach Belieben mit pulverisiertem Süßstoff oder Zimtpulver süßen oder mit gemahlenen Gewürzen pikant würzen. Den Teig in die Form geben.
2. Das Brot etwa 20 Minuten goldbraun backen. Herausnehmen, sofort aus der Form stürzen, sonst fällt es zusammen.

DUKAN-HAFERKLEIE-PFANNKUCHEN

Für 1 Pfannkuchen 1½ EL Haferkleie mit 1½ EL Magerquark oder Joghurt (0,1 %) und 1 Eiweiß vermischen. Den Teig mit etwas Süßstoff süßen oder leicht salzen und in einer beschichteten Pfanne in sehr wenig Öl auf beiden Seiten backen.

Knusprige Frischkäse-Chips

Zubereitung: 15 Minuten
Backzeit: 15–20 Minuten
Für 2 Personen

1 Eiweiß
40 g Frischkäse (0,2 % Fett)
1 Tropfen Ziegenkäse-Aroma
2 EL Maisstärke, 1 TL Backpulver
Salz, Pfeffer
nach Belieben 1 TL provenzalische Kräuter

1. Den Backofen auf 180 °C vorheizen. Das Eiweiß mit dem Frischkäse aufschlagen. Das Ziegenkäse-Aroma unterrühren, dann Maisstärke und Backpulver dazugeben und ebenfalls untermischen. Mit Salz und Pfeffer würzen.
2. Ein Backblech mit Backpapier belegen. Mithilfe eines Löffels aus dem Teig runde Chips auf das Backpapier setzen und nach Geschmack mit den Kräutern bestreuen. Die Chips im heißen Ofen 15–20 Minuten backen, bis sie goldbraun und knusprig sind.

TIPP
Die knusprigen Frischkäse-Chips können Sie als Vorspeise, Beilage oder Snack genießen.

Knusprige Grissini

Zubereitung: 15 Minuten
Backzeit: 15–20 Minuten
Für 2–3 Personen

2 EL Haferkleie
1 EL Weizenkleie
4 EL Magermilchpulver
Salz, Pfeffer
1 TL getrocknete provenzalische Kräuter
1 Tropfen Oliven-Aroma
2 TL Magerquark
5 EL Eiweißpulver (aus dem Reformhaus)
grobes Meersalz

1. Den Backofen auf 180 °C vorheizen. Ein Backblech mit Backpapier belegen. Haferkleie, Weizenkleie, Magermilchpulver, Salz, Pfeffer, Kräuter, Oliven-Aroma und den Magerquark mit ½ EL Wasser gut vermischen. Das Eiweißpulver nach und nach dazugeben und den Teig gut durchkneten.
2. Den Teig in 8 Portionen teilen, zu Kugeln formen und mit den Händen auf der Arbeitsfläche zu etwa 18 cm langen Stangen rollen.
3. Auf das Backpapier legen, mit dem groben Salz bestreuen und im heißen Ofen 15–20 Minuten backen. Abkühlen lassen und genießen.

links: Knusprige Frischkäse-Chips • rechts: Knusprige Grissini

PHASE 1

Thunfischpizzas

Zubereitung: 20 Minuten
Backzeit: 25 Minuten
Für 2 Personen

Für den Teig
4 EL Haferkleie
2 EL Weizenkleie
2 EL Magerquark
120 g Frischkäse (0,2 % Fett)
6 Eier
Salz, Pfeffer

Für den Belag
2 große Zwiebeln
etwas Öl
2 TL frisch gehackte Kräuter (Thymian, Oregano und Basilikum)
Salz, Pfeffer
1–2 EL Tomatenmark
350 g Thunfisch im eigenen Saft (aus der Dose)
4 EL Kapern

1. Für den Teig die Haferkleie, die Weizenkleie, den Quark und den Frischkäse glatt verrühren. Die Eier trennen, die Eigelbe unter den Teig rühren und die Eiweiße steif schlagen. Den Teig mit Salz und Pfeffer würzen und den Eischnee unterheben. Teig halbieren, jede Portion zu einem flachen Fladen drücken und zur Seite stellen.
2. Die Zwiebeln schälen und fein hacken. Eine beschichtete Pfanne mit etwas Öl ausreiben und die Zwiebeln darin glasig dünsten. Kräuter, Salz und Pfeffer hinzufügen und alles bei schwacher Hitze etwa 10 Minuten köcheln lassen.
3. Den Backofen auf 175 °C vorheizen. Den Thunfisch abtropfen lassen und mit einer Gabel klein zupfen. Das Tomatenmark dünn auf beiden Teigfladen verstreichen und die Zwiebelmischung darauf verteilen. Thunfisch und Kapern daraufgeben und die Pizzas im heißen Ofen etwa 25 Minuten backen.

Kaiserschmarren à la Dukan

Zubereitung: 20 Minuten
Ruhezeit: 30 Minuten
Für 2 Personen

2 EL Haferkleie
1 EL Weizenkleie
1 Ei
60 ml entrahmte Milch (0,1 % Fett)
2 Tropfen Vanille-Aroma
1 Tropfen Bittermandel-Aroma
½ EL flüssiger Süßstoff
1 Tropfen Sonnenblumenöl

1. Die Haferkleie mit der Weizenkleie in einer Schüssel mischen. Das Ei trennen. Die Milch, die beiden Aromen, den Süßstoff und das Eigelb unterrühren.
2. Das Eiweiß steif schlagen und unter den Teig heben. Zugedeckt im Kühlschrank 30 Minuten ruhen lassen.
3. Das Sonnenblumenöl mit einem Küchenpapier in einer beschichteten Pfanne verteilen und erhitzen. Den Teig auf einmal hineingeben und bei mittlerer Hitze braten, bis die Unterseite braun und fest wird. Wenden und mit zwei Gabeln in Stücke teilen.
4. Den Kaiserschmarren auf zwei Teller verteilen und gleich genießen.

TIPPS

Dieses Rezept kann auch nur mit Eiweiß zubereitet werden, falls Sie einen zu hohen Cholesterinspiegel haben.
Sie können auch andere Aromen verwenden, beispielsweise Haselnuss-Aroma, Zitronen-Aroma oder Weißer-Rum-Aroma.

Süße Galette

Zubereitung: 10 Minuten
Backzeit: 30–35 Minuten
Für 2 Personen

Für den Teig
2 EL Haferkleie
1 EL Weizenkleie
1 EL Magerquark
40 g Frischkäse (0,2 % Fett)
½–1 EL flüssiger Süßstoff
3 Eier

Zutaten nach Wahl
2 EL Bittermandel-Aroma (ohne Öl und Zucker)
oder
2 EL Orangenblütenwasser
oder
1 EL ungesüßtes Kakaopulver, mit 2 Eigelb verrührt

1. Für den Teig die Haferkleie, die Weizenkleie, den Quark, den Frischkäse und den Süßstoff glatt verrühren. Die Eier trennen, die Eigelbe unter den Teig rühren und die Eiweiße steif schlagen.
2. Das Bittermandel-Aroma oder das Orangenblütenwasser hinzufügen (das angerührte Kakaopulver für später bereitstellen). Den Eischnee unterziehen.
3. Eine hohe Pfanne bei mittlerer Hitze heiß werden lassen, die Mischung hineingießen und etwa 30 Minuten backen. Die Galette mithilfe eines Pfannenwenders wenden und auf der anderen Seite 5 Minuten backen. Wer das Kakaopulver verwendet, streicht es nach dem Wenden auf die gebackene Seite der Galette.

TIPP
Besonders hübsch sieht die Galette aus, wenn Sie sie nach dem Backen mit etwas pulverisiertem Süßstoff bestäuben. Auch eine Mischung aus Kakaopulver mit Süßstoff ist erlaubt.

PHASE 1

Angriffsphase

Süßes

Auch auf Süßes müssen Sie in der 1. Phase nicht verzichten – im Gegenteil! Sie finden hier eine verblüffend große Auswahl an tollen Vorschlägen. Genießen Sie ganz unbesorgt Schokoladencreme à la Dukan oder himmlische Dukan-Waffeln!

Limettensorbet

Zubereitung: 10 Minuten
Gefrierzeit: 4 Stunden
Für 2–3 Personen

4 Bio-Limetten
500 g Magerquark
1–2 EL flüssiger Süßstoff

1. Eine Limette heiß waschen und abtrocknen. Die Schale dünn abschneiden und im Mixer zerkleinern. Die übrigen Limetten auspressen und den Saft mit Quark und Süßstoff in den Mixer geben.
2. Die Zutaten gut verrühren, die Mischung 4 Stunden in den Kühlschrank stellen und anschließend 3 Minuten in der Eismaschine gefrieren lassen.
3. Das Limettensorbet mit einem Eisportionierer auf Dessertgläser oder -schalen verteilen.

TIPP
Besonders hübsch sieht das Sorbet aus, wenn Sie es mit einem Limettenspieß garnieren. Dafür 1 Bio-Limette heiß waschen und abtrocknen. Mit einem scharfen Messer spiralförmig sehr dünne Scheiben abschneiden und auf Holzspieße stecken.

Kaffeecreme

Zubereitung: 15 Minuten
Garzeit: 20 Minuten
Kühlzeit: 2 Stunden
Für 2 Personen

300 ml entrahmte Milch (0,1 % Fett)
½ TL Kaffee-Extrakt (oder Instantkaffeepulver)
1 Ei (Größe L)
1 EL flüssiger Süßstoff

Außerdem
2 ofenfeste Förmchen (etwa 100 ml Inhalt)

1. Den Backofen auf 140 °C vorheizen. Die Milch mit dem Kaffee-Extrakt in einen Topf geben und aufkochen. Etwas abkühlen lassen.
2. Das Ei mit dem Süßstoff in einer Schüssel mit dem Schneebesen leicht aufschlagen. Die Milchmischung einrühren.
3. Die Mischung auf die Förmchen verteilen. Die Förmchen nebeneinander in eine flache Auflaufform stellen und so viel heißes Wasser daneben angießen, dass sie höchstens zwei Drittel hoch im Wasser stehen. Die Creme im Wasserbad im heißen Ofen etwa 20 Minuten garen. Abkühlen lassen und 2 Stunden kalt stellen. Gut gekühlt servieren.

Schokoladencreme

Zubereitung: 20 Minuten
Für 2 Personen

200 ml entrahmte Milch (0,1 % Fett)
Zimtpulver
10 Tropfen flüssige Vanille (ohne Öl)
2 EL ungesüßtes Kakaopulver (entölt)
1–2 EL flüssiger Süßstoff
2 Eier

Außerdem
2 ofenfeste Förmchen

1. Die Milch mit 1 Prise Zimt und der Vanille aufkochen. Kakaopulver und Süßstoff einrühren und die Mischung lauwarm abkühlen lassen.
2. Die Eier mit dem Schneebesen aufschlagen und mit der Milchmischung verrühren. Den Backofen auf 140 °C vorheizen.
3. Die Mischung in ofenfeste Förmchen füllen. Die Förmchen nebeneinander in eine flache Auflaufform stellen und so viel heißes Wasser daneben angießen, dass sie höchstens zwei Drittel hoch im Wasser stehen. Die Creme im Wasserbad im heißen Ofen etwa 15 Minuten garen.

Gewürzcreme

Zubereitung: 25 Minuten
Für 2 Personen

½ Vanilleschote
⅛ l entrahmte Milch (0,1 % Fett)
¼ TL Zimtpulver
½ Gewürznelke
½ Sternanis
1 Eigelb
1 EL flüssiger Süßstoff

1. Die halbe Vanilleschote längs aufschneiden und das Mark mit einem spitzen Messer herauskratzen. Die Milch mit dem Vanillemark, der Vanilleschote und den Gewürzen in einen Topf geben und aufkochen.
2. In einer Schüssel das Eigelb mit dem Süßstoff cremig aufschlagen. Nach und nach die heiße Gewürzmilch einrühren. Die Mischung in den Topf gießen und unter häufigem Rühren bei schwacher Hitze etwa 12 Minuten kochen lassen, bis die Creme an einem Löffelrücken haften bleibt.
3. Vanilleschote, Gewürznelke und Sternanis entfernen und die Creme bis zum Servieren kalt stellen.

Vanillecreme

Zubereitung: 10 Minuten
Garzeit: 30 Minuten
Für 2 Personen

¼ l entrahmte Milch (0,1 % Fett)
3 Eier
½ TL flüssiger Süßstoff
einige Tropfen Vanilleextrakt oder Vanillearoma
frisch geriebene Muskatnuss

Außerdem
1 ofenfeste Form aus Silikon

1. Den Backofen auf 180 °C vorheizen. Eine ofenfeste Form bereitstellen.
2. Milch, Eier, Süßstoff und Vanilleextrakt kräftig mit dem Schneebesen verrühren. Die Mischung in die Form füllen und mit 1 Prise Muskat bestäuben.
3. Die Form in eine zweite, größere Form stellen, die größere Form bis zur halben Höhe der kleineren Form mit sehr heißem Wasser füllen und die Creme im heißen Ofen 30 Minuten garen, bis sie gestockt ist. Die Creme lauwarm oder kalt servieren.

Marmorierter Kirsch-Pistazien-Kuchen mit Goji-Beeren

Zubereitung: 20 Minuten
Backzeit: 30 Minuten
Für 12–16 Stücke

6 Eier
1 EL flüssiger Süßstoff
125 g Joghurt (0,1 % Fett)
1 TL Eiweißpulver (aus dem Reformhaus)
8 EL Haferkleie
1 TL Kirsch-Aroma
4 EL Goji-Beeren
1 TL Pistazien-Aroma

Außerdem
1 kleine Kastenform aus Silikon
nach Belieben rote und grüne Lebensmittelfarbe

1. Den Backofen auf 180 °C vorheizen. Die Eier trennen. Die Eigelbe mit dem Süßstoff leicht aufschlagen, dann den Joghurt, das Eiweißpulver und die Haferkleie dazugeben. Alle Zutaten gut vermischen.

2. Diese Mischung auf zwei Schüsseln verteilen. In eine Portion das Kirsch-Aroma, die Goji-Beeren und nach Belieben die rote Lebensmittelfarbe rühren, in die zweite Portion das Pistazien-Aroma und nach Belieben die grüne Lebensmittelfarbe. Beide Teige 5 Minuten ruhen lassen. Inzwischen die Eiweiße steif schlagen, auf beide Schüsseln verteilen und vorsichtig unter den Teig heben.

3. In einer kleinen Kastenform zuerst den grünen Teig verteilen, dann den roten Teig daraufgeben. Mit einer Gabel von oben bis unten unregelmäßig durchfahren, um den Marmor-Effekt zu erzielen. Den Kuchen im heißen Ofen 30 Minuten backen.

4. Herausnehmen und in der Form abkühlen lassen. Abgekühlten Kuchen aus der Form nehmen, in dünne Scheiben schneiden und servieren. Perfekt für den Nachmittagskaffee.

TIPP
Wer keine Silikonform hat, legt die Backform mit Backpapier aus, damit der Teig nicht anhaftet.

Schokoladenküchlein

Zubereitung: 15 Minuten
Backzeit: 10–15 Minuten
Für 2–3 Personen

3 Eier (Größe L)
1 TL flüssiger Süßstoff
10 g ungesüßtes Kakaopulver (entölt)
frisch geriebene Muskatnuss

Außerdem
2–3 kleine ofenfeste Förmchen

1. Den Backofen auf 180 °C vorheizen. Die Eier trennen. Die Eigelbe in eine Schüssel geben und mit Süßstoff und Kakaopulver aufschlagen, die Eiweiße sehr steif schlagen.
2. Den Eischnee vorsichtig unter die Eigelbmischung ziehen und 1 Prise Muskat hinzufügen. Den Teig auf zwei oder drei ofenfeste Förmchen verteilen und die Küchlein im heißen Ofen 10–15 Minuten backen.

Zitronenkuchen

Zubereitung: 15 Minuten
Backzeit: 30–35 Minuten
Für 2 Personen

etwas Öl
3 Eier
2 gehäufte EL Maisstärke
½ TL flüssiger Süßstoff
abgeriebene Schale von 1 Bio-Zitrone
3 gehäufte EL Magerquark

Außerdem
1 ofenfeste Form

1. Den Backofen auf 180 °C vorheizen und eine Kuchenform mit Öl ausreiben.
2. Die Eier trennen und die Eiweiße steif schlagen. Die Eigelbe in einer Schüssel mit Maisstärke, Süßstoff und der Zitronenschale verrühren. Den Quark unterrühren und den Eischnee vorsichtig unterziehen.
3. Die Mischung in die Form füllen und im heißen Ofen 30–35 Minuten backen.

oben: Zitronenkuchen • unten: Schokoladenküchlein

PHASE
1

Joghurtkuchen

Zubereitung: 15 Minuten
Backzeit: 45 Minuten
Für 2 Personen

3 Eier
125 g Joghurt (0,1% Fett)
½ TL flüssiger Süßstoff
1 TL Orangenblütenwasser
60 g Maisstärke
1 Päckchen Backpulver

Außerdem
1 kleine Kastenform (10 x 20 cm)
etwas Fett für die Form

1. Den Backofen auf 180 °C vorheizen. Die kleine Kuchenform leicht einfetten. Die Eier mit dem Joghurt aufschlagen. Süßstoff, Orangenblütenwasser, Maisstärke und Backpulver unterrühren.
2. Den Teig in die Form füllen, glatt streichen und im heißen Ofen etwa 45 Minuten backen.

Biskuitkuchen

Zubereitung: 10 Minuten
Backzeit: 20 Minuten
Für 2 Personen

4 Eier
1 EL flüssiger Süßstoff
abgeriebene Schale von 1 Bio-Zitrone
40 g Maisstärke

Außerdem
1 kleine Kuchenform

1. Den Backofen auf 180 °C vorheizen. Eine kleine Kuchenform mit Backpapier auskleiden. Die Eier trennen. Die Eiweiße steif schlagen, die Eigelbe mit Süßstoff, Zitronenschale und Maisstärke verrühren. Den Eischnee vorsichtig unterheben.
2. Den Teig in die Form füllen und den Kuchen im heißen Ofen etwa 20 Minuten goldbraun backen.

Schwarzteesorbet

Zubereitung: 10 Minuten
Gefrierzeit: 4–5 Stunden
Für 2 Personen

3 EL Schwarzteeblätter
4 EL Zitronensaft
4 frische Minzeblätter

1. Die Teeblätter mit 300 ml kochendem Wasser überbrühen und zugedeckt 3 Minuten ziehen lassen. Tee durch ein mit einem Tuch ausgelegtes Sieb in eine flache Plastikdose gießen und den Zitronensaft dazugeben. Deckel auflegen und die Dose in das Gefrierfach stellen. Während der Gefrierzeit immer mal wieder mit einer Gabel umrühren, damit sich Kristalle bilden.
2. Nach knapp 5 Stunden das gefrorene Sorbet aus dem Gefrierfach nehmen. Etwa ein Drittel zur Seite stellen, den Rest im Mixer zerkleinern und auf 2 Sektflöten verteilen. Die groben Kristalle daraufgeben. Die Minzeblätter abreiben und das Sorbet damit garnieren.

TIPP
Falls Sie eine Eismaschine haben, geht die Zubereitung natürlich viel schneller. Sie können sich an dem nebenstehenden Rezept orientieren.

Joghurtsorbet

Zubereitung: 5 Minuten
Gefrierzeit: 15 Minuten
Für 2–3 Personen

625 g Joghurt (0,1 % Fett)
2 Bio-Zitronen
2 EL Magerquark

1. Den Joghurt mit der Gabel cremig aufschlagen. Die Zitronen heiß waschen und abtrocknen. Die Schale von beiden Früchten abreiben und den Saft auspressen. Zitronenschale, Zitronensaft und den Quark unter den Joghurt rühren.
2. Die Mischung in die Eismaschine füllen und etwa 15 Minuten gefrieren lassen.

Muffins

Zubereitung: 10 Minuten
Backzeit: 20–30 Minuten
Für 6 Stück

2 Eier
2 EL Weizenkleie
4 EL Haferkleie
2 EL Magerquark
½ TL flüssiger Süßstoff

Zum Aromatisieren
abgeriebene Zitronenschale, Zimtpulver oder Kaffee (2 g löslicher Espresso, in 1 EL Wasser aufgelöst)

Außerdem
Muffinform mit 6 Mulden
6 Papierförmchen

1. Den Backofen auf 180 °C vorheizen.
2. Die Eier trennen und die Eiweiße steif schlagen. Die Eigelbe mit der Weizenkleie, der Haferkleie, dem Quark und dem Süßstoff verrühren. Nach Belieben ein Aroma untermischen. Dann den Eischnee unterziehen.
3. Die Papierförmchen in die Mulden der Muffinform setzen, den Teig einfüllen und die Muffins im heißen Ofen 20–30 Minuten backen.

Süße Kakao-Maki-Rollen

Zubereitung: 25 Minuten
Für 2–3 Personen (6 Stück)

2 Eier, 6 Eiweiß
120 ml entrahmte Milch (0,1 % Fett)
1 TL Schwarze-Schokolade-Aroma
1 TL flüssiger Süßstoff
4 EL Haferkleie
1 Msp. Zimtpulver
etwas Sonnenblumenöl
1 TL ungesüßtes Kakaopulver
1 TL pulverisierter Süßstoff

1. Die Eier und die Eiweiße verquirlen, mit der Milch, dem Schokolade-Aroma, dem flüssigen Süßstoff, der Haferkleie und dem Zimt verrühren.
2. Das Sonnenblumenöl mit einem Küchenpapier in einer beschichteten Pfanne verteilen. Etwas Teig hineingießen und auf jeder Seite 3–4 Minuten braten.
3. Das Kakaopulver mit dem Süßstoffpulver mischen. Den Pfannkuchen vorsichtig aus der Pfanne heben, mit dem Kakaopulver bestreuen und aufrollen. Die Rolle in Stücke schneiden und mit der Schnittfläche nach oben auf einem Teller anrichten. Alle 6 Pfannkuchen so zubereiten.

oben: Süße Kakao-Maki-Rollen • unten: Muffins

Dukan-Haferkleie-Flakes

Zubereitung: 15 Minuten
Für 2 Personen

4 EL Haferkleie
2 EL Weizenkleie
5 EL entrahmte Milch (0,1 % Fett)
½ TL flüssiger Süßstoff
1 TL Backpulver
1 Tropfen Mandelbitter-Aroma
1 Tropfen Vanille-Aroma
etwas Zimtpulver

1. Den Backofen auf 200 °C vorheizen. Alle Zutaten für den Teig in einer Schüssel gut vermischen. Ein Backblech mit Backpapier belegen.
2. Den Haferteig auf dem Backblech verteilen, mit einem Löffelrücken flach streichen. Im heißen Ofen 5–10 Minuten rundherum goldbraun und kross backen.
3. Auf dem Blech abkühlen lassen, den Teig in Stücke brechen und die Flakes trocken lagern, damit sie lange knusprig bleiben.

TIPP
Perfekt für jedes Frühstück mit etwas entrahmter Milch oder Magermilchjoghurt. Die Flakes schmecken wie „echte" Vollkornflakes!

Vanille-Cookies

Zubereitung: 10 Minuten
Backzeit: 15–20 Minuten
Für 2 Personen

4 Eier
1 TL flüssiger Süßstoff
1 TL flüssige Vanille (ohne Öl)
2 EL Weizenkleie
4 EL Haferkleie

Außerdem
1 flache ofenfeste Form

1. Den Backofen auf 180 °C vorheizen. Die Eier trennen und die Eiweiße zu steifem Schnee schlagen. Eigelbe mit Süßstoff und Vanille mit dem Handrührgerät cremig schlagen. Die beiden Kleiesorten untermischen und den Eischnee vorsichtig unterheben.
2. Den Teig in eine flache ofenfeste Form füllen und im heißen Ofen 15–20 Minuten backen.

Feine Flans

Zubereitung: 15 Minuten
Garzeit: 40 Minuten
Für 2 Personen

2 Eier (Größe L)
½ Vanilleschote
185 ml entrahmte Milch (0,1 % Fett)
frisch geriebene Muskatnuss

Außerdem
2 ofenfeste Förmchen (je 150 ml)

1. Den Backofen auf 160 °C vorheizen. Die Eier in einer Schüssel mit dem Schneebesen aufschlagen. Die halbe Vanilleschote längs aufschneiden und das Mark mit einem spitzen Messer herauskratzen.
2. Die Milch mit der Vanilleschote und dem Vanillemark erhitzen, aber nicht zum Kochen kommen lassen. 5 Minuten abkühlen lassen und die Vanilleschote entfernen. Die heiße Milch vorsichtig über die Eier gießen und gut verrühren. 1 Prise Muskat hinzufügen.
3. Die Mischung auf ofenfeste Förmchen verteilen, diese in eine große Form mit heißem Wasser stellen und die Flans im heißen Wasserbad 40 Minuten stocken lassen.

Himmlische Dukan-Waffeln

Zubereitung: 25 Minuten
Für 2 Personen (8 Waffeln)

4 EL Magermilchpulver
2 TL Honig-Aroma
2 Tropfen Vanille-Aroma
1 TL Backpulver
1 EL flüssiger Süßstoff
2 Eier
120 g Frischkäse (0,2 % Fett)

Außerdem
4 Tropfen Sonnenblumenöl

1. Das Waffeleisen aufheizen und das Sonnenblumenöl mit einem Küchenpapier auf den Backflächen verteilen.
2. Für den Teig das Magermilchpulver mit dem Honig- und Vanille-Aroma vermischen. Das Backpulver dazugeben, dann den Süßstoff, die verquirlten Eier und den Frischkäse gut untermischen. Den Teig 2 Minuten aufschlagen.
3. Für jede Waffel 2 EL Teig in die Mitte des Waffeleisens geben und ausbacken. Warm essen.

Marmorierte Schoko-Vanille-Quarksoufflés à la Dukan

Zubereitung: 15 Minuten
Garzeit: 15–20 Minuten
Für 4 Personen

2 Eier
1 EL flüssiger Süßstoff
100 g Frischkäse (0,2 % Fett)
100 g Magerquark
1 TL ungesüßtes Kakaopulver (entölt)
1 Tropfen Schwarze-Schokolade-Aroma
2 Tropfen Vanille-Aroma

1. Den Backofen auf 180 °C vorheizen. Eine ofenfeste Form halbhoch mit Wasser füllen und in den Ofen stellen. Eier trennen und die Eiweiße mit der Hälfte des Süßstoffs aufschlagen. Eigelbe mit dem restlichen Süßstoff schaumig rühren. Frischkäse und Magerquark unterrühren.
2. Die Mischung halbieren. In eine Hälfte das Kakaopulver und das Schwarze-Schokolade-Aroma rühren und die Hälfte des Eischnees unterheben. In die zweite Hälfte das Vanille-Aroma rühren und den übrigen Eischnee sanft unterheben.
3. Beide Teige aufeinander in vier kleine Förmchen füllen. Mit einer Gabel unregelmäßig durchfahren, um den Marmor-Effekt zu erzielen. Die Förmchen in das Wasserbad setzen und 15–20 Minuten garen. Aus dem Ofen nehmen, abkühlen lassen und auf Teller stürzen.

Schlagsahne

Zubereitung: 5 Minuten
Für 2 Personen

240 g Frischkäse (0,2 % Fett)
1–2 EL flüssiger Süßstoff
4 Eiweiß

1. Den Frischkäse mit dem Süßstoff cremig aufschlagen.
2. Die Eiweiße sehr steif schlagen und vorsichtig unterziehen. Die Sahne gut gekühlt servieren.

Nuss-Nugat-Quark-Gnocchi mit Zimtcreme

Zubereitung: 30 Minuten
Ruhezeit: 1 Stunde
Für 2 Personen

Für die Zimtcreme
1 EL Maisstärke
150 ml entrahmte Milch (0,1% Fett)
2 Eiweiß
1 TL flüssiger Süßstoff
1 TL Zimtpulver

Für die Gnocchi
50 g Magerquark
1 Ei
1 EL Maisstärke
2 EL Haferkleie
1 EL Eiweißpulver (aus dem Reformhaus)
1 EL flüssiger Süßstoff
2 Tropfen Walnuss-Aroma
2 Tropfen Nugat-Aroma

Außerdem
nach Belieben Minze- oder Melisseblättchen

1. Für die Zimtcreme die Maisstärke mit etwas Milch anrühren. Die Eiweiße mit dem Süßstoff steif schlagen und den Zimt untermischen. Übrige Milch in einem Topf erhitzen und unter die Eiweiße rühren. Alles zurück in den Topf geben, aufkochen und rühren, bis die Mischung eine cremige Konsistenz bekommt. Die Creme mit Frischhaltefolie bedeckt im Kühlschrank 1 Stunde ruhen lassen.
2. Für die Gnocchi alle Zutaten in eine Schüssel geben und gut vermischen. 10 Minuten ruhen lassen. In einem Topf reichlich Wasser zum Kochen bringen.
3. Aus dem Gnocchi-Teig mit 2 Esslöffeln kleine Nocken abstechen. In das siedende Wasser geben und 5–8 Minuten ziehen lassen. Mit einem Schaumlöffel herausheben und abtropfen lassen.
4. Die Zimtcreme auf zwei Teller verteilen und die Nuss-Nugat-Quark-Gnocchi auf die Creme setzen. Nach Belieben mit Minze- oder Melisseblättchen garnieren.

Mousse au Chocolat

Zubereitung: 15 Minuten
Kühlzeit: 2 Stunden
Für 2 Personen

60 g Bitterschokolade (80–99 % Kakao)
½ TL Instantkaffeepulver
3 Eiweiß
Salz
60 g Magerquark

1. Die Schokolade in Stücke brechen, in eine hitzebeständige Schüssel geben und auf dem Wasserbad unter Rühren in etwa 5 Minuten schmelzen. Das Kaffeepulver unterrühren.
2. Die Eiweiße mit 1 kleinen Prise Salz steif schlagen. Den Quark unter die geschmolzene Schokolade rühren, bis eine glatte Masse entstanden ist. Den Eischnee vorsichtig unterziehen.
3. Die Mousse auf zwei Dessertschalen verteilen und bis zum Servieren 2 Stunden zugedeckt in den Kühlschrank stellen.

TIPP
Wer es süßer mag, kann noch ein paar Tropfen Süßstoff unterrühren.

Mousse au Café

Zubereitung: 10 Minuten
Kühlzeit: 3 Stunden
Für 2 Personen

60 g Frischkäse (0,2 % Fett)
2 TL flüssiger Süßstoff
1 Eiweiß (Größe L)
1 EL Kaffee-Extrakt

1. Den Frischkäse mit der Gabel cremig aufschlagen und den Süßstoff hinzufügen. Das Eiweiß steif schlagen und vorsichtig unterziehen. Zum Schluss den Kaffee-Extrakt einrühren.
2. Die Mousse auf zwei Förmchen oder Tassen verteilen und zugedeckt etwa 3 Stunden in den Kühlschrank stellen.

Kokos-Bananen-Quarksoufflés

Zubereitung: 15 Minuten
Backzeit: 25–30 Minuten
Für 4 Personen

2 Eier, 1 TL flüssiger Süßstoff
½ TL Zimtpulver
1 TL Eiweißpulver (aus dem Reformhaus)
2 Tropfen Kokosnuss-Aroma
2 Tropfen Bananen-Aroma
100 g Frischkäse (0,2 % Fett)
100 g Magerquark

Außerdem

4 kleine ofenfeste Silikonförmchen

1. Den Backofen auf 180 °C vorheizen. Für ein Wasserbad eine größere ofenfeste Form bereitstellen. Die Eier trennen und die Eiweiße mit der Hälfte des Süßstoffs aufschlagen.
2. Die Eigelbe mit dem restlichen Süßstoff, dem Zimt, dem Eiweißpulver und den Aromen schaumig rühren. Frischkäse und Quark unterrühren. Den Eischnee unterheben. Den Teig in die Förmchen füllen, diese in die größere Form setzen, sehr heißes Wasser angießen und die Soufflés im Wasserbad 25–30 Minuten backen. Aus dem Ofen nehmen, abkühlen lassen und auf Teller stürzen.

Gefrorene Schokoladensoufflés

Zubereitung: 10 Minuten
Gefrierzeit: 3 Stunden
Für 2 Personen

100 g Magerquark
30 g ungesüßtes Kakaopulver (entölt)
2 Eiweiß
2–3 EL flüssiger Süßstoff

Außerdem

2 kleine Souffléförmchen

1. Den Quark mit dem Kakaopulver durch ein feines Sieb streichen. Die Mischung anschließend mit dem Handrührgerät aufschlagen. Die Eiweiße mit dem Süßstoff steif schlagen und vorsichtig unter den Quark heben.
2. Die Ränder von 2 kleinen Souffléformen mit jeweils einem Streifen Alufolie umlegen (die Folie sollte dabei 3 cm überstehen) und die Formen bis zur Alufolie mit der Souffléмasse füllen.
3. Die Soufflés mindestens 3 Stunden im Tiefkühlfach gefrieren lassen. Die Folie vorsichtig entfernen und sofort servieren.

PHASE 1

Schokoladencreme à la Dukan

Zubereitung: 10 Minuten
Kühlzeit: 1 Stunde
Für 2 Personen

Für die Schokoladencreme
1 EL Maisstärke
250 ml entrahmte Milch (0,1 % Fett)
1 TL ungesüßtes Kakaopulver (entölt)
1 Tropfen Schwarze-Schokolade-Aroma
½–1 EL flüssiger Süßstoff

Für den weißen Schaum
1 Eiweiß
1 TL Süßstoff
2 Tropfen Vanille-Aroma
120 g körniger Frischkäse (0,2 % Fett)
nach Belieben etwas Kakaopulver

1. Für die Schokoladencreme die Maisstärke mit etwas Milch anrühren, das Kakaopulver dazugeben und unterschlagen.
2. Die restliche Milch mit dem Schokolade-Aroma und dem Süßstoff in einem Topf zum Kochen bringen, dann zur Kakao-Maisstärke-Mischung gießen. Alle Zutaten gut verrühren und wieder auf mittlere Hitze erwärmen. Einmal aufkochen und etwa 5 Minuten schlagen, bis die Creme fest geworden ist.
3. Die Creme auf zwei Gläser verteilen und mit Frischhaltefolie bedeckt etwa 1 Stunde im Kühlschrank ruhen lassen.
4. Für den weißen Schaum kurz vor dem Servieren das Eiweiß mit dem Süßstoff steif schlagen. Das Vanille-Aroma unter den körnigen Frischkäse rühren. Den Eischnee vorsichtig unterheben.
5. Den weißen Schaum in einen Spritzbeutel füllen und dekorativ auf die dunkle Schokoladencreme spritzen. Nach Belieben mit einem Hauch Kakaopulver bestäuben. Das Dessert gleich genießen.

PHASE 1

Marmorierter Kakao-Vanille-Kuchen

Zubereitung: 20 Minuten
Backzeit: 30 Minuten
Für 12–16 Stücke

6 Eier
2 EL flüssiger Süßstoff
125 g Joghurt (0,1 % Fett)
8 EL Haferkleie
2 Tropfen Vanille-Aroma
1 TL ungesüßtes Kakaopulver (entölt)

Außerdem
1 runde Backform (etwa 24 cm Ø) aus Silikon

1. Den Backofen auf 180 °C vorheizen. Die Eier trennen. Die Eigelbe mit dem Süßstoff leicht aufschlagen, dann den Joghurt und die Haferkleie dazugeben und gut untermischen. Diese Mischung auf zwei Schüsseln verteilen.
2. In eine Portion das Vanille-Aroma rühren und in die andere das Kakaopulver. Beide Teige 5 Minuten ruhen lassen. Inzwischen die Eiweiße steif schlagen, auf beide Schüsseln verteilen und vorsichtig unter den Teig heben.
3. Den Teig mit Kakao in eine runde Silikon-Springform geben. Den Teig mit Vanille daraufgeben. Mit einer Gabel von oben bis unten unregelmäßig durchfahren, um den Marmor-Effekt zu erzielen.
4. Den Kuchen im heißen Ofen etwa 30 Minuten backen. Herausnehmen und in der Form abkühlen lassen. Abgekühlten Kuchen aus der Form nehmen, in schmale Stücke schneiden und servieren. Perfekt für jedes Kaffeekränzchen!

Käsekuchen à la Dukan ohne Boden

Zubereitung: 10 Minuten
Backzeit: 1 Stunde
Für 12–16 Stücke

4 Eier
500 g Magerquark
5 Tropfen Vanille-Aroma
3 Tropfen Zitronen-Aroma
½ EL flüssiger Süßstoff
2 EL Haferkleie
2 EL Maisstärke

Außerdem
1 runde Backform (etwa 24 cm Ø) aus Silikon

1. Den Backofen auf 160 °C vorheizen. Die Eier trennen. Den Magerquark mit den Eigelben, den beiden Aromen und dem Süßstoff verrühren. Die Haferkleie und die Maisstärke unterrühren.
2. Die Eiweiße steif schlagen und vorsichtig unter die Quarkmischung heben. Alles in eine runde Silikon-Springform geben und im heißen Ofen etwa 1 Stunde backen.
3. Den Kuchen aus dem Ofen holen und in der Form ganz abkühlen lassen. Aus der Form lösen und in schmale Stücke schneiden.

TIPP
Experimentieren Sie auch mit anderen fruchtigen oder süßen Aromen. Fein sind beispielsweise die Kombinationen Kokosnuss und Schwarze Schokolade, Honig und Banane, Zitrone und Pistazie oder Schwarze Johannisbeere und Pistazie.

Saftiger Zitronen-Joghurt-Kuchen

Zubereitung: 15 Minuten
Backzeit: 1 Stunde
Für 12–16 Stücke

3 Eier
3 Eiweiß
250 g Joghurt (0,1 % Fett)
1 TL Zitronen-Aroma
2 EL flüssiger Süßstoff
4 EL Maisstärke
2 EL Eiweißpulver (aus dem Reformhaus)
2 EL Magermilchpulver
1 ½ Päckchen Backpulver

Außerdem
1 Kastenform (10 x 24 cm)

1. Den Backofen auf 180 °C vorheizen. Die Eier und die Eiweiße mit dem Joghurt aufschlagen, dann das Zitronen-Aroma und den Süßstoff unterrühren. Die Maisstärke, das Eiweißpulver, das Magermilchpulver und das Backpulver dazugeben. Alle Zutaten gut aufschlagen und in die Kastenform geben.
2. Den Kuchen im heißen Ofen etwa 1 Stunde backen.
3. Aus dem Ofen nehmen und in der Form abkühlen lassen. Stürzen, in schmale Stücke schneiden und genießen!

Quark-Bavaroise mit Vanille

Zubereitung: 15 Minuten
Kühlzeit: 12 Stunden
Für 2 Personen

3 Blatt Gelatine
2 Eiweiß
440 g Magerquark mit Vanillearoma
nach Belieben flüssiger Süßstoff

1. Die Gelatine 5 Minuten in kaltem Wasser einweichen. Die Eiweiße sehr steif schlagen.
2. In einem kleinen Topf 3 EL Wasser bei schwacher Hitze erwärmen und die gut ausgedrückte Gelatine unter Rühren darin auflösen.
3. Den Quark mit dem Schneebesen cremig aufschlagen, den Eischnee unterziehen und die Gelatine unterrühren. Die Mischung 2–3 Minuten mit dem Schneebesen schlagen und nach Belieben mit Süßstoff süßen. Die Creme zugedeckt mindestens 12 Stunden kalt stellen und kühl servieren.

Joghurt mit Goji-Beeren

Zubereitung: 35 Minuten
Für 2 Personen

2 Tropfen Himbeer-Aroma
2 EL Goji-Beeren
2 TL frisch gehackte Minze
2 EL Haferkleie
2 TL Süßstoff
200 g Joghurt (0,1 % Fett)
100 g Frischkäse (0,2 % Fett)
2 Tropfen Vanille-Aroma

1. Das Himbeer-Aroma mit 4 EL Wasser verrühren. Die Goji-Beeren und die Minze dazugeben. Diese Mischung etwa 30 Minuten marinieren lassen.
2. Inzwischen die Haferkleie mit 1 TL Süßstoff vermengen, in eine Auflaufform aus Silikon geben und auf der Grillstufe des Backofens 3 Minuten goldbraun rösten. Den Joghurt mit dem Frischkäse vermischen, das Vanille-Aroma und den übrigen Süßstoff hinzufügen.
3. Die Zutaten in Gläsern aufeinanderschichten: zuerst Vanillejoghurt, darauf die marinierten Goji-Beeren. Auf diese wieder eine Schicht Vanillejoghurt geben. Zum Schluss die Haferkleie daraufstreuen. Gut gekühlt genießen.

Zitronentarte

Zubereitung: 15 Minuten
Garzeit: 35 Minuten
Für 12–16 Stücke

3 Eier
etwas flüssiger Süßstoff
abgeriebene Schale von 1 Bio-Zitrone
Salz

Außerdem
1 beschichtete Tarteform (28 cm Ø)

1. Den Backofen auf 180 °C vorheizen. Die Eier trennen. Die Eigelbe mit dem Süßstoff verrühren. 30 ml kaltes Wasser und die Zitronenschale hinzufügen.
2. Die Mischung bei schwacher Hitze über einem Wasserbad unter ständigem Rühren eindicken lassen. Die Schüssel vom Wasserbad nehmen, 1 Prise Salz und gegebenenfalls noch etwas Süßstoff hinzufügen.
3. Die Eiweiße steif schlagen und den Eischnee unter die heiße Eigelbmischung ziehen. Die Mischung in eine beschichtete Tarteform (28 cm Durchmesser) füllen und im heißen Ofen 20 Minuten goldbraun backen.

PHASE 1

Erdbeer-Zitronen-Kuchen

Zubereitung: 15 Minuten
Backzeit: 30 Minuten
Für 12–16 Stücke

6 Eier, 1 EL flüssiger Süßstoff
125 g Joghurt (0,1 % Fett)
1 TL Eiweißpulver (aus dem Reformhaus)
8 EL Haferkleie
1 TL Erdbeer-Aroma, 4 EL Goji-Beeren
1 TL Zitronen-Aroma

Außerdem
1 runde Backform (etwa 24 cm Ø) aus Silikon
nach Belieben rote und gelbe Lebensmittelfarbe

1. Backofen auf 180 °C vorheizen. Eier trennen, Eigelbe mit dem Süßstoff aufschlagen, Joghurt, Eiweißpulver und Haferkleie zugeben, alles gut vermischen und auf zwei Schüsseln verteilen.
2. In eine Portion das Erdbeer-Aroma, die Goji-Beeren und die rote Lebensmittelfarbe rühren, in die zweite Portion das Zitronen-Aroma und die gelbe Lebensmittelfarbe. 5 Minuten ruhen lassen. Inzwischen die Eiweiße steif schlagen und je die Hälfte vom Eischnee unter jeden Teig heben.
3. Den gelben Teig in einer Springform verteilen, den roten daraufgeben. Mit einer Gabel unregelmäßig durchfahren, um den Marmor-Effekt zu erzielen. Im heißen Ofen 30 Minuten backen. Abkühlen lassen, aus der Form nehmen und in schmale Stücke schneiden.

Kaffee-Granita mit Zimt

Zubereitung: 10 Minuten
Kühlzeit: 1 Stunde + 15 Minuten
Für 2 Personen

½ l heißer schwarzer Kaffee
flüssiger Süßstoff
1 TL Zimtpulver
3 Kardamomsamen

1. Den Kaffee mit dem Süßstoff und den Gewürzen verrühren und abkühlen lassen. In eine flache Form gießen und 1 Stunde in das Tiefkühlfach stellen.
2. Die Mischung 1 Minute im Mixer verrühren, zurück in die Form gießen und nochmals 15 Minuten in den Kühlschrank stellen. Auf zwei Gläser verteilen und servieren. Nach Belieben mit Kaffeebohnen garnieren.

Kleine Baisers

Zubereitung: 10 Minuten
Backzeit: 15–20 Minuten
Für 12 Stück

3 Eiweiß
6 EL pulverisierter Süßstoff
2 TL ungesüßtes Kakaopulver (entölt)
2 TL sehr starker Kaffee

1. Den Backofen auf 150 °C vorheizen.
2. Die Eiweiße sehr steif schlagen. Den Süßstoff mit dem Kakaopulver mischen und in den steifen Eischnee einrieseln lassen (siehe Tipp). Den Kaffee hinzufügen und das Ganze 30 Sekunden schlagen.
3. Mithilfe eines Spritzbeutels kleine Tupfen von der Masse auf ein mit Backpapier belegtes Backblech setzen und im heißen Ofen 15–20 Minuten backen.

TIPP
Damit die Baisers nicht weich werden, den Süßstoff erst hinzufügen, wenn der Eischnee bereits sehr steif ist.

Kardamom-Lassi

Zubereitung: 5 Minuten
Für 2 Personen

250 g Joghurt (0,1 % Fett)
¼ l entrahmte Milch (0,1 % Fett)
Salz
⅛ TL gemahlener Kardamom
1–2 Tropfen Rosenwasser

1. Joghurt, Milch, 1 Prise Salz, Kardamom und Rosenwasser in eine Schüssel geben. Alle Zutaten verrühren und dann mit dem Schneebesen cremig aufschlagen.
2. Das Lassi gut gekühlt in hohen Gläsern servieren, beispielsweise nach einem feinen Abendessen.

TIPP
Natürlich schmeckt das erfrischende indische Joghurt-Getränk Lassi auch mit anderen Gewürzen. Versuchen Sie doch einmal Zimtpulver.

Aufbauphase

Geflügel

Ab sofort kehrt Gemüse zurück auf den Speiseplan! Leckere Extras verfeinern Gerichte wie Hähnchen Marengo oder Hähnchenkeulen mit Pfifferlingen und lassen Sie Ihr Diätziel ganz mühelos erreichen.

Hähnchenbrust mit Zucchini in der Papierhülle

Zubereitung: 30 Minuten
Für 2 Personen

600 g Hähnchenbrustfilet
2 Zucchini
½ Knoblauchzehe
½ Bio-Zitrone
1 Tomate

1. Den Backofen auf 210 °C vorheizen. Hähnchenbrustfilet waschen, trocken tupfen und in feine Streifen schneiden. Die Zucchini waschen, putzen und in Streifen schneiden. Den Knoblauch schälen und hacken.
2. Die halbe Zitrone heiß waschen, abtrocknen und mit der Schale in Scheiben schneiden. Die Tomate heiß überbrühen, häuten und ohne den Stielansatz würfeln.
3. Zucchini, Tomaten, Knoblauch und Zitronenscheiben in einer Pfanne bei starker Hitze kurz anbraten, umrühren und vom Herd nehmen.
4. Zwei Rechtecke aus Backpapier zurechtschneiden. Das Fleisch mit dem Gemüse darauf verteilen. Jede Portion zu einem Päckchen verschließen und 15–20 Minuten im Backofen garen.

Perlhuhn mit Wirsing

Zubereitung: 30 Minuten
Garzeit: 1 ¼ Stunden
Für 4 Personen

1 Perlhuhn (etwa 1,5 kg)
Saft von ½ Zitrone
1 kleiner Kopf Wirsing
Salz
1 kleine Zwiebel
1 Gewürznelke
1 Kräutersträußchen
1 EL Blaubeeren
Pfeffer
½ l Gemüsebrühe (0 % Fett)

1. Den Backofen auf 210 °C vorheizen. Das Perlhuhn innen und außen waschen und trocken tupfen. Mit dem Zitronensaft beträufeln und etwa 5 Minuten unter den Backofengrill schieben.
2. Inzwischen den Wirsing waschen, putzen und in Achtel schneiden. Etwa 5 Minuten in sprudelnd kochendem Salzwasser blanchieren, kalt abschrecken und abtropfen lassen.
3. Das Perlhuhn in einen Schmortopf legen und den Wirsing rundherum verteilen. Die Zwiebel schälen und mit der Gewürznelke spicken. Gespickte Zwiebel, Kräutersträußchen und Blaubeeren zum Perlhuhn geben, mit Pfeffer würzen. Mit etwas Brühe begießen und zugedeckt bei schwacher Hitze 1 ¼ Stunden garen. Das Perlhuhn dabei immer wieder mit Brühe begießen.
4. Perlhuhn und Kohl aus dem Topf nehmen und warm halten. Die Kochflüssigkeit bei starker Hitze reduzieren und als Sauce dazu reichen.

PHASE
2

Baskisches Hähnchen

Zubereitung: 15 Minuten
Garzeit: 1 Stunde
Für 4 Personen

1 ganzes Hähnchen (etwa 1,2 kg)
Salz, Pfeffer, etwas Öl
1 kg Tomaten
1 Möhre, 2 Paprikaschoten
2 Knoblauchzehen
1 Kräutersträußchen

1. Das Hähnchen innen und außen waschen, trocken tupfen und zerteilen. Mit Salz und Pfeffer würzen. Etwas Öl in einen Schmortopf geben und die Hähnchenteile darin bei mittlerer Hitze braun anbraten.
2. Die Tomaten heiß überbrühen und häuten, Stielansätze und Kerne entfernen und das Fruchtfleisch würfeln. Möhre putzen, schälen und klein schneiden, Paprikaschoten halbieren, Trennwände und Kerne entfernen, die Hälften waschen und klein schneiden. Knoblauch schälen und hacken.
3. Gemüse, Knoblauch und Kräutersträußchen in den Topf geben. Mit Salz und Pfeffer würzen. Zugedeckt bei sehr schwacher Hitze etwa 1 Stunde köcheln, bis das Fleisch gar ist.

Provenzalisches Hähnchen

Zubereitung: 55 Minuten
Für 4 Personen

1 ganzes Hähnchen (etwa 1,2 kg)
4 Knoblauchzehen
1 kleines Bund Petersilie
1 Dose geschälte Tomaten (400 g)
1 TL provenzalische Kräuter
Salz, Pfeffer

1. Das Hähnchen innen und außen waschen, trocken tupfen und zerteilen. Hähnchenteile in einer beschichteten Pfanne etwa 10 Minuten rundherum braun braten. Herausnehmen und zur Seite stellen.
2. Den Knoblauch schälen und durch die Presse drücken. Die Petersilie waschen und trocken schütteln, die Blätter abzupfen und fein hacken. Tomaten, Knoblauch, Petersilie und Kräuter in einen Topf geben und mit Salz und Pfeffer würzen. Zugedeckt bei mittlerer Hitze 30 Minuten kochen lassen.
3. Die Hähnchenteile einlegen, gegebenenfalls etwas Wasser hinzufügen und das Fleisch zugedeckt etwa 10 Minuten fertig garen.

oben: Provenzalisches Hähnchen • unten: Baskisches Hähnchen

STAUB

Hähnchenbrustfilet mit Paprikaschoten

Zubereitung: 50 Minuten
Marinierzeit: 2 Stunden
Für 2 Personen

½ Zwiebel
½ Knoblauchzehe
1 Stängel Minze
1 Stängel Koriandergrün
500 g Hähnchenbrustfilet
1 EL Sojasauce
1 TL frisch geriebener Ingwer
½ grüne Paprikaschote
½ rote Paprikaschote
70 g Bambussprossen (aus der Dose)
etwas Öl
Salz, Pfeffer

1. Zwiebel und Knoblauch schälen und fein schneiden. Die Kräuter waschen und trocken schütteln, die Blätter abzupfen und fein schneiden.

2. Hähnchenbrustfilet waschen, trocken tupfen und in Streifen schneiden. In einer Schüssel verteilen. Sojasauce, Ingwer, Knoblauch und die Kräuter hinzufügen, mit Frischhaltefolie abdecken und 2 Stunden im Kühlschrank marinieren lassen.

3. Das Fleisch abtropfen lassen und die Marinade durch ein Sieb gießen.

4. Die Paprikahälften waschen und mit dem Sparschäler schälen. Kerne und Trennwände entfernen und das Fruchtfleisch in Streifen schneiden. Die Bambussprossen abspülen, abtropfen lassen und in sehr feine Streifen schneiden.

5. Etwas Öl in eine Pfanne geben und das Fleisch darin in etwa 5 Minuten braun anbraten. Die Zwiebel hinzufügen und goldbraun andünsten. Die Paprikaschoten dazugeben und 4 Minuten mitdünsten. Die durchgesiebte Marinade hinzufügen und das Ganze 3 Minuten kochen lassen. Zum Schluss die Bambussprossen unterrühren und 1 Minute erhitzen.

Hähnchen Marengo

Zubereitung: 30 Minuten
Garzeit: 45 Minuten
Für 4 Personen

1 ganzes Hähnchen (etwa 1,2 kg)
Salz, Pfeffer
etwas Öl
2 Zwiebeln
2 Schalotten
1 Knoblauchzehe
4 Tomaten
2 EL Weißweinessig
1 EL Tomatenmark
einige Zweige Thymian
1 kleiner Zweig Lorbeer
3 Stängel Petersilie

1. Das Hähnchen innen und außen waschen, trocken tupfen und zerteilen. Mit Salz und Pfeffer würzen. Etwas Öl in einen Schmortopf geben und die Hähnchenstücke darin rundherum braun anbraten. Aus dem Topf nehmen und zur Seite stellen.

2. Die Zwiebeln schälen und in Ringe schneiden. Die Schalotten schälen und hacken, den Knoblauch ebenfalls schälen und hacken. Die Tomaten waschen und ohne die Stielansätze in Würfel schneiden.

3. Zwiebelringe, Schalotten und Knoblauch in den Topf geben und bei mittlerer Hitze etwa 2 Minuten anbraten. 200 ml Wasser dazugießen, Essig und Tomatenmark einrühren. Tomaten dazugeben, die Hähnchenstücke wieder einlegen und mit Salz und Pfeffer würzen.

4. Die Kräuter waschen und im Ganzen dazugeben. Das Gericht bei schwacher Hitze zugedeckt 45 Minuten köcheln lassen, bis die Hähnchenstücke durchgegart sind.

Geflügelterrine mit rosa Pfefferbeeren

Zubereitung: 45 Minuten
Garzeit: 1 Stunde
Gelierzeit: 2–3 Stunden
Für 4 Personen

1 ganzes Hähnchen (etwa 1,5 kg)
1 Zwiebel
2 Möhren
1 Stange Lauch
Salz, Pfeffer
2 Tomaten
1 Zweig Estragon
1 Eiweiß
1 TL rosa Pfefferbeeren

1. Das Hähnchen innen und außen waschen, trocken tupfen und zerteilen. Die Zwiebel schälen. Möhren und Lauch waschen und putzen. Zwiebel, Möhre und Lauch mit 1 l Wasser in einen großen Topf geben. Zum Kochen bringen, das Fleisch hinzufügen und mit Salz und Pfeffer würzen. Die Brühe abschäumen und das Hähnchen zugedeckt bei mittlerer Hitze etwa 1 Stunde köcheln lassen.

2. Die Hähnchenteile aus dem Topf heben und abtropfen lassen. Das Fleisch von den Knochen lösen und fein schneiden. Die Brühe beiseite stellen.

3. Die Tomaten heiß überbrühen, häuten, entkernen, von den Stielansätzen befreien und in Würfel schneiden. Estragon waschen, trocken schütteln und die Blätter abzupfen. Das Fleisch abwechselnd mit Tomatenwürfeln und Estragonblättern in eine Kastenform schichten (einige Tomatenwürfel und Estragonblätter zum Garnieren beiseitelegen).

4. Die Brühe zum Kochen bringen und auf etwa ¼ l einkochen lassen. Das Eiweiß steif schlagen, dazugeben und 1 Minute kochen lassen. Die Brühe etwas abkühlen lassen und durch ein sauberes Geschirrtuch seihen. Über das Fleisch gießen, die rosa Pfefferbeeren darüberstreuen und die Terrine mit ein paar Tomatenwürfeln und Estragonblättern belegen.

5. Die Terrine einige Stunden fest werden lassen. Vorsichtig auf eine Platte stürzen und bis zum Servieren in den Kühlschrank stellen.

Hähnchenspieß Tikka

Zubereitung: 35 Minuten
Marinierzeit: 2 Stunden
Für 2 Personen

400 g Hähnchenbrustfilet
je ½ Zwiebel und Knoblauchzehe
1 Stück Ingwer
1 EL Zitronensaft
50 g Joghurt (0,1 % Fett)
je ½ TL gemahlener Koriander, Kreuzkümmel und Garam Masala
1 EL frisch geschnittenes Koriandergrün
Salz, Pfeffer

1. Die Hähnchenbrustfilets waschen, trocken tupfen und in 2 cm große Streifen schneiden. Zwiebel und Knoblauch schälen und im Mixer pürieren. Den Ingwer schälen, reiben und dazugeben. Zitronensaft, Joghurt, Gewürze, Koriandergrün, etwas Salz und Pfeffer hinzufügen und alles glatt mixen.
2. Das Fleisch in der Marinade zugedeckt im Kühlschrank etwa 2 Stunden marinieren. Den Backofengrill anschalten. Die Hähnchenfleischstreifen auf Schaschlikspieße stecken und 8–10 Minuten unter häufigem Wenden unter dem Backofengrill grillen. Die Spieße heiß mit Zitrone servieren.

Hähnchenkeulen mit Pfifferlingen

Zubereitung: 40 Minuten
Für 2 Personen

2 Hähnchenkeulen, Salz, Pfeffer
½ Stängel Estragon, etwas Öl
2 EL fettarme Hühnerbrühe
350 g Pfifferlinge, ½ kleine Knoblauchzehe, ½ Bund Petersilie
40 g Magerquark

1. Die Hähnchenkeulen waschen, trocken tupfen und mit Salz und Pfeffer würzen. Estragon waschen und trocken schütteln. Etwas Öl in einen Schmortopf geben und die Hähnchenkeulen darin hellbraun anbraten. Die Brühe und den Estragon hinzufügen. Die Brühe aufkochen, die Hitze reduzieren und die Hähnchenkeulen zugedeckt bei mittlerer Hitze 25 Minuten schmoren.
2. Inzwischen Pfifferlinge putzen und trocken abreiben, Knoblauch schälen und fein hacken, Petersilie waschen, trocken schütteln und fein hacken. Die Pfifferlinge mit Knoblauch und Petersilie anbraten, salzen und pfeffern.
3. Estragon herausnehmen. Quark dazugeben und die Sauce bei schwacher Hitze unter Rühren binden. Abschmecken und noch heiß servieren.

oben: Hähnchenkeulen mit Pfifferlingen • unten: Hähnchenspieß Tikka

Hähnchen mit Champignons

Zubereitung: 40 Minuten
Für 2 Personen

400 g Hähnchenbrustfilet
1 Tomate
½ Zwiebel, 1 Knoblauchzehe
300 g Champignons
Saft von ½ Zitrone
Salz, Pfeffer
⅛ l fettarme Hühnerbrühe

1. Hähnchenbrustfilet waschen, trocken tupfen und in Würfel schneiden. Die Tomate waschen und ohne Stielansatz würfeln. Zwiebel und Knoblauch schälen und hacken.
2. Champignons putzen, trocken abreiben und in Scheiben schneiden. Mit etwas Zitronensaft beträufeln, in einen beschichteten Schmortopf geben, mit Salz und Pfeffer würzen und zugedeckt bei schwacher Hitze köcheln lassen, bis sie Flüssigkeit abgegeben haben. Herausnehmen, abtropfen lassen.
3. Die Zwiebel im Schmortopf in etwas Wasser andünsten. Hähnchenfleisch, Tomate, Champignons, Knoblauch und Brühe hinzufügen. Alles salzen und pfeffern und zugedeckt bei schwacher Hitze etwa 20 Minuten garen.

Kaninchenragout mit Pilzen

Zubereitung: 15 Minuten
Garzeit: 45 Minuten
Für 2 Personen

400 g Kaninchenfleisch
½ Zwiebel
400 g frische Pilze
etwas Öl
Salz, Pfeffer
einige Stängel Petersilie
2 EL Magerquark

1. Das Kaninchenfleisch waschen, trocken tupfen und in Stücke schneiden. Die Zwiebel schälen und würfeln. Die Pilze putzen, trocken abreiben und vierteln.
2. Etwas Öl in einen beschichteten Schmortopf geben und die Fleischstücke kurz darin anbraten. Die Zwiebel und die Pilze dazugeben. Etwas Wasser hinzufügen, mit Salz und Pfeffer würzen und das Fleisch zugedeckt bei schwacher Hitze etwa 45 Minuten garen. Die Petersilie waschen und trocken schütteln, die Blätter abzupfen und fein hacken.
3. Am Ende der Garzeit den Quark einrühren. Das Ragout abschmecken und mit Petersilie bestreut servieren.

PHASE 2

Hühnerfrikassee mit Champignons und Spargel

Zubereitung: 30 Minuten
Für 2 Personen

500 g weiße oder braune Champignons
1 milde Zwiebel
500 g Hähnchenbrustfilet
250 g Spargelspitzen
Zitronensaft
Salz, Pfeffer
einige Stängel Petersilie

1. Die Champignons putzen und trocken abreiben. Große Champignons halbieren oder vierteln. In einer beschichteten Pfanne bei schwacher Hitze kurz anbraten und zur Seite stellen.
2. Die Zwiebel schälen, in feine Streifen schneiden und in einem Topf bei schwacher Hitze goldgelb andünsten.
3. Das Hähnchenbrustfilet waschen, trocken tupfen und in Würfel schneiden. Zu den Zwiebeln geben und bei schwacher Hitze 5–6 Minuten unter Rühren anbraten.
4. Die Spargelspitzen waschen und etwas kleiner schneiden. Spargel und Champignons zum Fleisch geben und alles mit Zitronensaft, Salz und Pfeffer abschmecken.
5. Die Petersilie waschen und trocken schütteln, die Blätter abzupfen und fein hacken. Zum Frikassee geben und unterrühren. Das Frikassee zugedeckt bei mittlerer Hitze weitere 10–12 Minuten kochen lassen.

Saftiges Hühnerfrikassee

Zubereitung: 35 Minuten
Für 2 Personen

½ Zwiebel
500 g Hähnchenbrustfilet
300 g Pilze aus der Dose
(z. B. „Champignons de Paris")
1 EL Maisstärke
¼ l Gemüsebrühe (0 % Fett)
4 Tropfen Butterschmalz-Aroma
1 Msp. frisch geriebene Muskatnuss
Salz, Pfeffer
1–2 Stängel Kerbel oder Petersilie
1 EL entrahmte Milch (0,1 % Fett)
1 Eigelb (Größe S)

1. Die halbe Zwiebel schälen und fein hacken. Die Hähnchenbrustfilets waschen, trocken tupfen und in kleine Würfel schneiden.
2. Die Pilze in ein Sieb abgießen, mit kaltem Wasser abspülen und abtropfen lassen. Einen beschichteten Schmortopf erhitzen und die Zwiebel darin andünsten. Die Hähnchenbrustwürfel dazugeben und rundherum anbraten.
3. Die Maisstärke aufstreuen und unterrühren. Die Brühe dazugießen. Die abgetropften Pilze dazugeben. Mit Butterschmalz-Aroma, Muskatnuss, Salz und Pfeffer würzen und bei schwacher bis mittlerer Hitze 5–8 Minuten weiterköcheln lassen. Den Kerbel oder die Petersilie waschen und trocken schütteln, die Blätter abzupfen und klein hacken.
4. Am Ende der Garzeit die Milch mit dem Eigelb verrühren, dazugeben und unterrühren, um die Sauce anzudicken. Die Sauce darf jetzt nicht mehr kochen, sonst gerinnt das Eigelb. Das Frikassee auf zwei Teller verteilen und mit dem Kerbel oder der Petersilie bestreuen.

Sommerliche Terrine

Zubereitung: 1 Stunde
Garzeit: 1 Stunde
Kühlzeit: 4 Stunden
Für 8 Personen

1 l Gemüsebrühe (0 % Fett)
500 g grüne Bohnen
1 Möhre
1 Stange Staudensellerie
1 Zwiebel
5 Zweige Estragon
1 kleiner Zweig Oregano
8 Scheiben Geflügelschinken
4 Eier
300 g Magerquark
1 EL Kochkäse (5 % Fett)
Salz, Pfeffer

Außerdem
Kastenform mit 2 l Inhalt

1. Die Gemüsebrühe in einen Topf zum Kochen bringen. Die Bohnen waschen, putzen und in der Brühe offen etwa 15 Minuten kochen. Inzwischen die Möhre waschen, den Sellerie putzen und die Zwiebel schälen. Alle Gemüse fein hacken. Eine beschichtete Pfanne erhitzen und das Gemüse darin bei schwacher Hitze 10 Minuten dünsten.
2. Die Bohnen abgießen und klein schneiden. Zur Gemüsemischung in die Pfanne geben und bei schwacher Hitze etwa 10 Minuten köcheln lassen. Dabei gelegentlich umrühren. Estragon und Oregano waschen und trocken schütteln, die Blättchen abzupfen und fein hacken. Zum Gemüse geben.
3. Die Kastenform mit Backpapier auskleiden, dabei das Papier an den Längsseiten etwas überstehen lassen. Die Form mit 6 Schinkenscheiben auslegen (die Scheiben sollten etwas überlappen und am Rand überstehen).
4. Den Backofen auf 180 °C vorheizen. Die Eier gut mit Quark und Kochkäse verrühren, mit Salz und Pfeffer würzen und über das Gemüse gießen. Gut vermischen und in die Form füllen. Den überstehenden Schinken darüberklappen, die restlichen Schinkenscheiben darauflegen und das Ganze mit dem Backpapier abdecken. Die Form in ein Wasserbad stellen und die Terrine 1 Stunde im Backofen garen.
5. Die fertige Terrine abkühlen lassen und vor dem Servieren 4 Stunden in den Kühlschrank stellen.

PHASE 2

Scharfe Pizza Diavolo à la Dukan

Zubereitung: 30 Minuten
Für 2 Personen

Für den Belag
¼ grüne Paprikaschote (30 g)
1 Knoblauchzehe
100 g mageres Puten-Kasseler
2 EL Tomatenpüree (ohne Fett- und Zuckerzusatz)
8 Tropfen Tabasco
4 Tropfen Oliven-Aroma
1 EL geriebener fettarmer Käse
je ca. 2 TL frisch gehackter Rosmarin, Basilikum, Thymian und Petersilie
Salz, Pfeffer

Für den Teig
4 EL Haferkleie
2 EL Weizenkleie
6 EL Magermilchpulver
2 Eier
1 Eiweiß
Salz, Pfeffer
etwas Olivenöl

1. Für den Belag das Paprikastück waschen, putzen und sehr fein würfeln. In einem kleinen Topf in wenig Wasser etwa 4 Minuten dünsten. Den Knoblauch schälen und fein hacken.
2. Für den Teig alle Zutaten bis auf das Olivenöl zu einer homogenen Masse vermischen. Etwas Olivenöl in eine kleine Pfanne geben, mit einem Küchenpapier verteilen und erhitzen. Die Hälfte des Teigs in die Pfanne geben und bei mittlerer Hitze auf beiden Seiten je 2–3 Minuten braten. Fladen herausnehmen und die zweite Teigportion genauso zubereiten.
3. Den Backofen auf 180 °C vorheizen. Das Puten-Kasseler in kleine Würfel schneiden. Die vorgegarten Fladen auf ein Backblech legen, das Tomatenpüree daraufstreichen, mit Tabasco und Oliven-Aroma würzen. Den Knoblauch, das Kasseler, die Paprikawürfel und den geriebenen Käse darauf verteilen. Nach Geschmack mit Kräutern, etwas Salz und Pfeffer würzen. Die Pizzas im heißen Ofen 5–10 Minuten fertig backen. Warm genießen!

PHASE 2

Aufbauphase

Fleisch

Currywurst während einer Diät – das geht? Alles kein Problem mit der Variante à la Dukan, zusammen mit leckeren Kürbisfritten. Die vielen tollen Fleischgerichte schmecken nicht nur köstlich, sondern lassen auch noch die Pfunde purzeln.

Gefüllte Zucchini

Zubereitung: 15 Minuten
Garzeit: 30 Minuten
Für 2 Personen

2 Zucchini
Salz, Pfeffer
250 g mageres Hackfleisch
½ Glas mexikanische Salsa verde
100 g Magerquark

1. Den Backofen auf 240 °C vorheizen. Die Zucchini waschen und putzen. Der Länge nach halbieren und die Kerne aus der Mitte herauskratzen, dabei die Hälften ein bisschen aushöhlen. Mit Salz und Pfeffer würzen.
2. Das Hackfleisch mit der Salsa und dem Quark vermengen, die Zucchini damit füllen und auf ein mit Alufolie belegtes Backblech legen. Im heißen Ofen etwa 30 Minuten garen.

TIPP
Das Gericht sieht noch schöner aus, wenn Sie die Zucchini nicht putzen, sondern die kurzen Stiele einfach dranlassen.

Rindfleisch mit Paprikaschoten

Zubereitung: 20 Minuten
Marinierzeit: 2 Stunden
Für 2 Personen

160 g falsches Rinderfilet
½ TL Maisstärke, 3 EL Sojasauce
1 Zwiebel, 2 kleine rote Paprikaschoten
etwas Öl

1. Das falsche Filet in sehr feine Streifen schneiden. Die Maisstärke mit 2 EL Sojasauce glatt rühren. Das Fleisch in der Marinade wenden und zugedeckt etwa 2 Stunden kalt stellen.
2. Zwiebeln schälen und in feine Streifen schneiden. Paprikaschoten schälen, halbieren, Trennwände und Kerne entfernen und die Hälften in feine Streifen schneiden. Etwas Öl in einen Topf geben und Paprikaschoten und Zwiebeln darin andünsten. 75 ml Wasser dazugießen und das Gemüse bei sehr schwacher Hitze 12–15 Minuten köcheln lassen. Inzwischen das Fleisch in einer beschichteten Pfanne auf jeder Seite 2–3 Minuten braten, mit restlicher Sojasauce ablöschen, aufkochen. Gemüse dazugeben und alles unter Rühren kurz aufkochen.

Bœuf à la ficelle

Zubereitung: 20 Minuten
Garzeit: 25–30 Minuten
Für 2 Personen

1 große Möhre
2 Stangen Lauch
140 g Staudensellerie
1 Zwiebel, 2 Gewürznelken
2 Kräutersträußchen
Salz, Pfeffer
500 g Rinderfilet

1. Möhre, Lauch und Sellerie waschen und putzen, die Möhre schälen. Das Gemüse anschließend grob zerkleinern.
2. Einen Schmortopf mit 1 l Wasser füllen. Die Zwiebel schälen, halbieren und jede Hälfte mit 1 Gewürznelke spicken. Das Gemüse, die Kräutersträußchen und die gespickten Zwiebelhälften ins Wasser geben, mit Salz und Pfeffer würzen und zum Kochen bringen.
3. Das Rinderfilet mit Küchengarn binden, dabei ein Ende nicht zu kurz abschneiden. Das Fleisch einlegen und die Schnur so unter den Deckel klemmen, dass das Fleisch den Topfboden nicht berührt. Bei mittlerer Hitze 25–30 Minuten garen. Herausnehmen, Garn entfernen, Fleisch in Scheiben schneiden und mit dem Gemüse anrichten.

Schwäbische Rindfleisch-Flädle-Suppe à la Dukan

Zubereitung: 35 Minuten
Für 2 Personen

Für die Suppe
1 kleine Möhre
100 g Lauch
50 g Brokkoli
600 ml Gemüsebrühe (0% Fett)
250 g Rinderfilet
1 Zwiebel
1 TL Currypulver
Salz, Pfeffer
3 EL frisch gehackte Petersilie

Für den Haferkleiepfannkuchen
4 EL Haferkleie
2 EL Weizenkleie
2 EL Magerquark
1 Ei (Größe M)
1–2 EL entrahmte Milch (0,1% Fett)
1 Tropfen Ziegenkäse-Aroma
Salz, Pfeffer
1 Msp. gemahlener Kreuzkümmel
2 Tropfen Sonnenblumenöl

1. Für die Suppe Möhre, Lauch und Brokkoli waschen, putzen, schälen und in kleine Würfel schneiden. Die Brühe in einem Schmortopf aufkochen. Möhre, Lauch und Brokkoli in die Brühe geben und zugedeckt bei schwacher Hitze 10–15 Minuten kochen.
2. Inzwischen das Rinderfilet in feine Streifen schneiden. Die Zwiebel schälen und fein hacken. Eine beschichtete Pfanne ohne Öl erhitzen und die Zwiebel darin andünsten. Die Fleischstreifen dazugeben und anbraten.
3. Wenn die Suppe fertig ist, das Fleisch hinzufügen und nach Geschmack mit Currypulver, Salz und Pfeffer würzen. Zur Seite stellen.
4. Für den Pfannkuchen die Haferkleie mit der Weizenkleie vermischen. Den Quark, das verquirlte Ei und die Milch hinzufügen. Nach Geschmack mit Ziegenkäse-Aroma, Salz, Pfeffer und Kreuzkümmel würzen.
5. Das Sonnenblumenöl mit einem Küchenpapier in einer kleinen beschichteten Pfanne verteilen. Den Teig dazugeben und bei mittlerer Hitze braten, bis die Unterseite braun und fest geworden ist. Wenden. Den Pfannkuchen in dünne Streifen schneiden und in die Suppe geben. Mit der Petersilie bestreuen und heiß servieren.

Gulaschsuppe à la Dukan

Zubereitung: 30 Minuten
Garzeit: 1 Stunde
Für 2 Personen

1 Zwiebel
1 Knoblauchzehe
400 g mageres Rindfleisch (z. B. Nacken)
100 g Tomaten aus der Dose
½ grüne Paprikaschote
1 Stück Zucchini (75 g)
1 EL scharfes Paprikapulver
½ TL gemahlener Kreuzkümmel
½ TL getrockneter Majoran
Salz, Pfeffer
½ l Gemüsebrühe (0 % Fett)
2 EL Rotwein
2 EL Frischkäse (0,2 % Fett)

1. Die Zwiebel und den Knoblauch schälen und fein hacken. Das Fleisch in kleine Würfel schneiden. Die Tomaten abtropfen lassen und ebenfalls klein schneiden.
2. Die halbe Paprikaschote waschen, von Trennwänden und Kernen befreien und in feine Streifen schneiden. Das Zucchinistück waschen und in kleine Würfel schneiden.
3. Einen beschichteten Schmortopf erhitzen und die Zwiebelwürfel und den Knoblauch darin andünsten. Die Fleischwürfel dazugeben und rundherum goldbraun anbraten. Mit Paprikapulver, Kreuzkümmel, Majoran, Salz und Pfeffer bestreuen.
4. Die Brühe und den Rotwein dazugeben, die Paprikastreifen hinzufügen und das Ganze zugedeckt etwa 40 Minuten garen. Die Zucchini und die Tomatenwürfel dazugeben und alles 20 Minuten weiterkochen. Inzwischen den Frischkäse mit Salz und Pfeffer würzen.
5. Die Suppe auf tiefe Teller verteilen und den Frischkäse als Klecks daraufgeben.

TIPP
Dazu passt ein aufgewärmter Haferkleiepfannkuchen (siehe Seite 84).

Kalbsschnitzel nach Jägerart

Zubereitung: 30 Minuten
Für 2 Personen

je ½ Zwiebel und Knoblauchzehe
250 g braune Champignons (Egerlinge)
30 g Rama Cremefine (7 % Fett)
60 g Magerquark
100 ml entrahmte Milch (0,1 % Fett)
Salz, Pfeffer
frisch geriebene Muskatnuss
1–2 TL rosenscharfes Paprikapulver
2 Kalbsschnitzel (je etwa 125 g)

1. Die Zwiebel und den Knoblauch schälen und fein hacken. Die Champignons putzen, trocken abreiben und vierteln. Die Rama Cremefine mit dem Quark und der Milch vermengen. Mit Salz, Pfeffer, etwas Muskatnuss und Paprikapulver würzen.
2. Eine beschichtete Pfanne erhitzen. Zwiebel, Knoblauch und Champignons darin anbraten, dann an den Rand schieben. Die Kalbschnitzel hineingeben und auf beiden Seiten je etwa 4 Minuten goldbraun braten.
3. Die Sauce in die Pfanne geben und 2 Minuten köcheln lassen. Schnitzel mit Sauce und Pilzen auf zwei Tellern anrichten und servieren.

Beefsteak mexikanisch

Zubereitung: 25 Minuten
Für 2 Personen

500 g mageres Rinderhackfleisch
8 Prisen mexikanische Gewürzmischung
etwas Öl
4 Tomaten

1. Das Hackfleisch mit 2 Prisen mexikanischer Gewürzmischung vermengen. Aus dem Fleischteig Bällchen formen und etwas flach drücken.
2. Ein Stück Küchenpapier mit etwas Öl tränken und eine Pfanne damit ausreiben. Die Hackbällchen darin bei starker Hitze rundherum knusprig braun braten.
3. Die Tomaten heiß überbrühen, häuten und ohne die Stielansätze fein würfeln. In einer zweiten Pfanne mit der übrigen Gewürzmischung verrühren und bei schwacher Hitze zu einer sämigen Sauce einkochen lassen. Die Beefsteaks mit der Sauce überziehen und sofort servieren.

oben: Kalbsschnitzel nach Jägerart • unten: Beefsteak mexikanisch

PHASE 2

Gefüllte Champignons

Zubereitung: 25 Minuten
Garzeit: 25 Minuten
Für 2 Personen

100 g Spinat
½ TL Kalbsfond (Instant), Salz
400 g große Champignons
Saft von 1 Zitrone
1 Scheibe magerer gekochter Schinken
2 Scheiben Putenschinken
3 EL gehackte Petersilie
1 EL Haferkleie
3–4 EL entrahmte Milch (0,1 % Fett)
Pfeffer

1. Spinat waschen, putzen und mit dem Kalbsfond in ½ l Salzwasser geben, etwa 10 Minuten kochen. Champignons putzen und trocken abreiben. Die Stiele herausdrehen und zur Seite legen, die Hüte mit Zitronensaft beträufeln. Den Spinat in ein Sieb abgießen, abtropfen lassen und gut ausdrücken. Den Backofen auf 180 °C vorheizen.
2. Beide Schinken, Petersilie, Spinat und Champignonstiele fein hacken. Mit Haferkleie und Milch vermengen und mit Salz und Pfeffer würzen. Die Hüte damit füllen und im heißen Ofen etwa 25 Minuten garen.

Hackfleisch-Blumenkohl-Auflauf

Zubereitung: 35 Minuten
Garzeit: 45 Minuten
Für 2 Personen

1 Blumenkohl (etwa 700 g)
½ kleine Zwiebel, ½ Knoblauchzehe
4–5 Stängel Petersilie
200 g mageres Rinderhackfleisch
Salz, Pfeffer

Außerdem
1 kleine Auflaufform

1. Den Blumenkohl waschen, putzen und etwas zerkleinern. In einen Topf mit Dämpfeinsatz geben und zugedeckt etwa 30 Minuten dämpfen.
2. Inzwischen Zwiebel und Knoblauch schälen und fein schneiden. Die Petersilie waschen, trocken schütteln und die Blätter abzupfen. Das Hackfleisch mit Zwiebel, Knoblauch, Petersilie, Salz und Pfeffer gut mischen und verkneten.
3. Den Backofen auf 180 °C vorheizen. Den Blumenkohl nicht zu fein pürieren. Das Hackfleisch gleichmäßig in einer Auflaufform verteilen und den Blumenkohl darauf verstreichen. Den Auflauf im heißen Ofen etwa 45 Minuten backen.

PHASE
2

Kalbsfrikadellen mit geschmortem Rotkohl

Zubereitung: 1 Stunde
Für 2 Personen (12 Stück)

Für den Rotkohl
½ Knoblauchzehe
300 g Rotkohl
4 EL Essig
4 Tropfen Apfel-Aroma
Salz, Pfeffer
2 Gewürznelken

Für die Frikadellen
1 Zwiebel
250 g mageres Kalbshackfleisch
2 EL Magerquark
2 Eier
2 EL Haferkleie
Salz, Pfeffer
frisch geriebene Muskatnuss
¼ TL gemahlener Kreuzkümmel
1 TL frisch gehackte Petersilie

1. Für den Rotkohl den Knoblauch schälen und fein hacken. Den Rotkohl putzen und äußere Blätter entfernen. Rotkohl in dünne Streifen schneiden.
2. Den Knoblauch in einem beschichteten Topf ohne Fett andünsten. Den Rotkohl dazugeben und rundherum anbraten. Mit Essig und 2 EL Wasser ablöschen. Mit Apfel-Aroma, Salz, Pfeffer und Gewürznelken würzen. Bei schwacher Hitze zugedeckt etwa 45 Minuten weitergaren. Während der Garzeit gelegentlich prüfen, ob etwas Wasser zum Rotkohl gegeben werden muss.
3. Inzwischen für die Frikadellen die Zwiebel schälen und fein hacken. Mit dem Kalbfleisch, dem Magerquark, den Eiern und der Haferkleie vermischen. Nach Geschmack mit Salz, Pfeffer, Muskatnuss, Kreuzkümmel und Petersilie würzen.
4. Aus dem Fleischteig mithilfe eines Esslöffels rundliche „Nocken" abstechen. Eine beschichtete Pfanne ohne Öl erhitzen, die Frikadellen hineingeben und etwa 10 Minuten auf beiden Seiten braten. 5 Minuten vor Ende der Garzeit den Deckel auflegen. Mit dem Rotkohl anrichten und warm genießen.

Hack-Topinambur-Auflauf

Zubereitung: 20 Minuten
Garzeit: 40 Minuten
Für 2 Personen

300 g Topinambur
100 g Tomaten
150 g Zucchini
1 Ei (Größe L)
250 g mageres Rinderhackfleisch
2 EL Haferkleie
Salz, Pfeffer
½ TL Kräuter der Provence
2½ EL frisch gehackte Petersilie
½ TL Currypulver
40 g geriebener fettarmer Käse

Außerdem
1 ofenfeste Form (etwa 20 cm Ø)

1. Die Topinambure waschen, schälen und in dünne Scheiben schneiden. In einen Topf geben, mit Wasser bedecken und etwa 8 Minuten kochen lassen. Abgießen und abtropfen lassen.
2. Die Tomaten waschen und ohne die Stielansätze in Scheiben schneiden. Die Zucchini waschen, putzen und schräg in feine Scheiben schneiden. Den Backofen auf 200 °C vorheizen.
3. Das Ei verquirlen und mit dem Hackfleisch vermischen, die Haferkleie dazugeben und untermischen. Den Fleischteig mit Salz, Pfeffer und Kräutern der Provence würzen.
4. Eine runde ofenfeste Form bereitstellen und die Hälfte des Hackfleischs darin verteilen. Leicht andrücken. Mit etwas Petersilie bestreuen und mit der Hälfte der Topinambure und Zucchini belegen. Mit etwas Salz, Pfeffer und Currypulver würzen und wieder mit Petersilie bestreuen.
5. Das übrige Hackfleisch daraufgeben, mit Petersilie bestreuen und die übrigen Topinambur und Zucchini darauf verteilen. Mit Salz, Pfeffer und der übrigen Petersilie bestreuen. Die Tomatenscheiben auf dem Gemüse verteilen und den geriebenen Käse darüberstreuen. Nochmals mit Pfeffer und Currypulver abschmecken.
6. Den Auflauf im heißen Ofen 40 Minuten backen. 10 Minuten abkühlen lassen und auf Teller verteilen.

Wraps mit buntem Gemüse und Leberkäse

Zubereitung: 50 Minuten
Für 2 Personen (4 Stück)

Für die Wraps
2 EL Maisstärke
100 ml entrahmte Milch (0,1 % Fett)
1 Ei
2 EL Haferkleie
Salz, Pfeffer, 1 TL Currypulver

Für die Füllung
½ rote Zwiebel
1 kleine Tomate
30 g gelbe Paprikaschote
30 g grüner Salat
60 g Leberkäse in dünnen Scheiben (max. 3 % Fett)
1 TL Maggi
Pfeffer
1 TL gemahlener Kreuzkümmel
1 EL frisch gehacktes Koriandergrün
100 g körniger Frischkäse (0,2 % Fett)

1. Für die Wraps die Maisstärke mit etwas Milch anrühren. Das Ei untermischen, dann die übrige Milch und die Haferkleie dazugeben und alles zu einem glatten Teig schlagen. Nach Geschmack mit Salz, Pfeffer und Currypulver würzen. Den Teig zugedeckt im Kühlschrank 30 Minuten ruhen lassen.
2. Inzwischen für die Füllung die Zwiebel schälen und fein hacken. Tomate und Paprikaschote waschen, putzen und in kleine Würfel schneiden. Den Salat waschen, trocken schleudern und in feine Streifen schneiden.
3. Den Leberkäse in dünne Streifen schneiden. Eine beschichtete Pfanne ohne Öl erhitzen und die Zwiebel darin andünsten. Die Paprikaschote dazugeben und bei schwacher Hitze etwa 10 Minuten braten.
4. Zwiebel und Paprika in eine Schüssel geben und abkühlen lassen. Tomatenwürfel, Leberkäse und Salatstreifen hinzufügen und die Mischung mit Maggi, Pfeffer und Kreuzkümmel abschmecken. Mit dem Koriander bestreuen. Den Teig aus dem Kühlschrank holen und durchrühren.
5. Eine beschichtete Pfanne erhitzen und ein Viertel des Teigs darin verteilen. 2–3 Minuten backen, wenden und 2 Minuten fertig backen. Alle Wraps so zubereiten. Jeden Wrap mit Frischkäse bestreichen, mit der Füllung belegen, aufrollen und warm servieren.

Bœuf bourguignon

Zubereitung: 10 Minuten
Garzeit: 2 Stunden
Für 2 Personen

500 g mageres Rindfleisch
etwas Öl
1 Knoblauchzehe
1–2 Stängel Petersilie
1 TL Maisstärke
¼ l fettarme Fleischbrühe
1 Lorbeerblatt
3 Zwiebeln
150 g Champignons
Salz, Pfeffer
nach Belieben etwas Petersilie

1. Das Fleisch in Würfel schneiden. Etwas Öl in eine große Pfanne geben und die Fleischwürfel darin rundherum braun anbraten. In einen ofenfesten Topf umfüllen.
2. Den Backofen auf 200 °C vorheizen. Knoblauch schälen und fein hacken. Die Petersilie waschen und trocken schütteln, die Blätter abzupfen und fein hacken. Knoblauch, Petersilie, Maisstärke, Brühe und Lorbeerblatt in die Pfanne geben und gut verrühren. Aufkochen und die Brühe etwas eindicken lassen. Die Sauce über das Fleisch gießen (gegebenenfalls noch etwas Wasser hinzufügen, damit das Fleisch bedeckt ist). Das Fleisch im heißen Ofen zugedeckt 2 Stunden garen.
3. Inzwischen die Zwiebeln schälen und fein schneiden. Die Champignons putzen, trocken abreiben und in Scheiben schneiden. Etwas Öl in eine beschichtete Pfanne geben und Zwiebeln und Champignons darin bei mittlerer Hitze anbraten. 30 Minuten vor dem Ende der Kochzeit zum Fleisch geben und alles zusammen fertig garen. Mit Salz und Pfeffer abschmecken.
4. Das Bœuf bourguignon auf Teller verteilen und nach Belieben mit etwas Petersilie garnieren.

Schinkenröllchen mit Gemüsequark

Zubereitung: 15 Minuten
Für 2 Personen

50 g Radieschen
2 Schalotten
1 Stück Salatgurke (etwa 50 g)
8 Cornichons
3–4 Stängel Schnittlauch
1 Msp. Estragon
250 g Magerquark
Salz, Pfeffer
4 Scheiben Geflügelschinken
½ Tomate
1 hart gekochtes Ei

1. Die Radieschen waschen und putzen. 2 Radieschen zum Garnieren zur Seite legen, den Rest klein hacken. Die Schalotten schälen und hacken. Die Salatgurke waschen und klein hacken, 4 Cornichons ebenfalls klein hacken.
2. Den Schnittlauch waschen, trocken schütteln und in feine Röllchen schneiden. Alle klein gehackten Zutaten, Schnittlauch und Estragon unter den Quark rühren und mit Salz und Pfeffer würzen.
3. Die Schinkenscheiben dünn mit dem Gemüsequark bestreichen und aufrollen. Die halbe Tomate waschen und ohne Stielansatz halbieren. Das Ei pellen und halbieren.
4. Die Schinkenröllchen mit je ¼ Tomate, ½ Ei, 2 Cornichons und 1 Radieschen garniert auf zwei Tellern anrichten.

TIPP
Natürlich können Sie den Quark auch einmal anders zubereiten. Verwenden Sie statt Cornichons ein paar Kapern, anstelle von Schnittlauch und Estragon fein gehackte Petersilie.

Kurz gebratenes Rindfleisch mit Gemüse

Zubereitung: 30 Minuten
Marinierzeit: 30 Minuten
Für 2 Personen

250 g Rinderfilet
3 EL Sojasauce
½ EL Sherryessig
½ EL Maisstärke
½ Bund Frühlingszwiebeln
½ grüne Paprikaschote
1 Möhre
etwas Öl
½ TL flüssiger Süßstoff
Salz, Pfeffer

1. Das Fleisch in dünne Scheiben schneiden, in einer Schüssel mit Sojasauce, Essig und Maisstärke mischen und zugedeckt im Kühlschrank etwa 30 Minuten marinieren lassen.

2. Anschließend abtropfen lassen, in einer Pfanne bei starker Hitze 1 Minute anbraten und warm stellen. Die Marinade zur Seite stellen.

3. Die Frühlingszwiebeln waschen, putzen und der Länge nach in dünne Streifen schneiden. Die halbe Paprikaschote waschen, Trennwände und Kerne entfernen und das Fruchtfleisch in schmale Streifen schneiden. Die Möhre waschen, putzen, schälen und in dünne Scheiben schneiden.

4. Etwas Öl in eine beschichtete Pfanne geben und das Gemüse darin 3 Minuten anbraten. Das Fleisch und die Marinade dazugeben und mit Süßstoff, Salz und Pfeffer würzen. Das Ganze bei mittlerer Hitze unter Rühren 1 Minute erhitzen und sofort servieren.

Rindfleisch mit Zucchini

Zubereitung: 1 Stunde
Garzeit: 40 Minuten
Für 2 Personen

300 g mageres Rindfleisch
½ Zwiebel
2 kleine Knoblauchzehen
2 Zucchini, etwas Öl
50 ml Himbeeressig
1 Stängel Petersilie, ⅛ Bund Estragon
Salz, Pfeffer

1. Das Fleisch in kleine Stücke schneiden. Zwiebel und Knoblauch schälen und hacken. Zucchini waschen, putzen und in feine Streifen schneiden. Etwas Öl in eine beschichtete Pfanne geben und das Gemüse darin rundherum anbraten. Etwas Wasser hinzufügen und das Gemüse zugedeckt bei schwacher Hitze etwa 20 Minuten garen. Herausnehmen und zur Seite stellen.

2. Das Fleisch in der Pfanne bei starker Hitze 5 Minuten anbraten. Den Essig und das Gemüse dazugeben und alles 15 Minuten köcheln lassen.

3. Kräuter waschen und trocken schütteln, die Blätter abzupfen, hacken und unterrühren. Gericht salzen und pfeffern.

Kalbfleischrouladen

Zubereitung: 20 Minuten
Garzeit: 1 Stunde
Für 2 Personen

2 Kalbsschnitzel (je etwa 100 g), Salz
2 hart gekochte Eier
1 große Zwiebel, 100 g Champignons
3–4 kleine Thymianzweige
1 kleiner Lorbeerzweig
2 Gläser Tomatensaft, Pfeffer

1. Die Schnitzel flach klopfen und auf einer Seite salzen. Die Eier pellen und jedes Ei mit einem Schnitzel umwickeln. Rouladen mit Küchengarn zubinden und in eine Auflaufform legen.

2. Den Backofen auf 160 °C vorheizen. Die Zwiebel schälen und fein schneiden, die Champignons putzen, trocken abreiben und in dünne Scheiben schneiden. Kräuter waschen und trocken schütteln. Zwiebel, Champignons und Kräuter zu den Rouladen geben. Tomatensaft mit Salz und Pfeffer würzen und dazugießen. Alles zugedeckt im heißen Ofen etwa 1 Stunde garen.

3. Rouladen herausheben. Das Küchengarn entfernen, Rouladen halbieren und mit Sauce überziehen. Zwiebeln und Champignons daneben anrichten.

PHASE 2

Kretischer Auberginenauflauf

Zubereitung: 50 Minuten
Für 2–3 Personen

600 g Rinderhackfleisch
2 Knoblauchzehen
15 Minzeblätter
1 Dose Tomatenpassata (400 g)
¼ TL flüssiger Süßstoff
2 kleine Auberginen
etwas Öl
200 g Joghurt (0,1 % Fett)
Salz, Pfeffer

Außerdem
1 kleine ofenfeste Form (etwa 21 cm Ø)

1. Das Fleisch in einer großen Pfanne bei starker Hitze gut anbraten. Den Knoblauch schälen und hacken, die Minze waschen, trocken schütteln und klein hacken. Knoblauch, Minze und Passata zum Hackfleisch geben. Das Ganze zugedeckt bei mittlerer Hitze etwa 20 Minuten unter gelegentlichem Rühren köcheln lassen. Mit dem Süßstoff abschmecken.
2. Inzwischen die Auberginen waschen, putzen und der Länge nach in 1 cm dicke Scheiben schneiden. Etwas Öl in einer beschichteten Pfanne erhitzen und die Auberginenscheiben portionsweise bei mittlerer Hitze auf jeder Seite 3 Minuten braten. Herausnehmen und auf Küchenpapier entfetten.
3. Den Joghurt unter das Fleisch rühren und die Mischung mit Salz und Pfeffer abschmecken. Den Backofen auf 200 °C vorheizen.
4. Den Boden der Form mit Auberginenscheiben auslegen, etwas Fleischsauce darauf verteilen und weitere Auberginenscheiben darauflegen. Den Vorgang so oft wiederholen, bis alle Zutaten aufgebraucht sind. Den Abschluss sollten Auberginenscheiben bilden. Den Auflauf im heißen Ofen etwa 5 Minuten erhitzen und servieren.

PHASE 2

Rindfleisch-Paprika-Spieße mit Tomatensauce

Zubereitung: 30 Minuten
Für 2 Personen (4 Spieße)

500 g Tomaten
1 Knoblauchzehe
Salz, Pfeffer
600 g mageres Rindfleisch
2 kleine Paprikaschoten
200 g Zwiebeln
Saft von 1 Zitrone
Selleriesalz
Estragonsalz
etwas Petersilie zum Garnieren

Außerdem
4 Schaschlikspieße

1. Für die Sauce die Tomaten heiß überbrühen, häuten und ohne die Stielansätze zerdrücken. Den Knoblauch schälen und durch die Presse drücken. Tomaten und Knoblauch in einer beschichteten Pfanne bei schwacher Hitze andünsten und mit Salz und Pfeffer würzen.
2. Das Fleisch in Würfel schneiden. Die Paprikaschoten halbieren, Trennwände und Kerne entfernen, die Hälften waschen und in Stücke schneiden. Die Zwiebeln schälen und in mitteldicke Scheiben schneiden.
3. Fleisch, Paprikaschoten und Zwiebeln abwechselnd auf die Spieße stecken und etwa 10 Minuten unter dem Backofengrill oder auf dem Holzkohlegrill garen. Einmal wenden.
4. Fleisch und Gemüse vor dem Servieren von den Spießen streifen, auf Tellern anrichten, mit Zitronensaft beträufeln und mit Sellerie- und Estragonsalz würzen. Mit etwas Tomatensauce überziehen, noch einmal abschmecken und mit Petersilie garnieren.

Ungarische Hackfleischpfanne

Zubereitung: 20 Minuten
Für 2 Personen

3 kleine junge Zwiebeln
½ rote Paprikaschote
etwas Öl
250 g mageres Hackfleisch
1 EL Paprikapulver
50 ml Tomatensauce (siehe Rezept „Eier nach Lothringer Art", Seite 179)
Salz, Pfeffer
½ Msp. Cayennepfeffer
40 g Magerquark
Saft von ¼ Zitrone

1. Die Zwiebeln schälen und fein hacken. Die halbe Paprikaschote waschen, Trennwände und Kerne entfernen und das Fruchtfleisch in Würfel schneiden. Ein Stück Küchenpapier mit etwas Öl tränken und eine Pfanne damit ausreiben. Das Öl erhitzen und das Gemüse darin bei schwacher Hitze etwa 5 Minuten dünsten.
2. Das Gemüse aus der Pfanne nehmen und das Hackfleisch darin bei starker Hitze unter Rühren krümelig anbraten. Paprikapulver, Tomatensauce und das gedünstete Gemüse dazugeben und alles unter Rühren 2 Minuten kochen lassen. Mit Salz, Pfeffer und Cayennepfeffer würzig abschmecken.
3. Den Quark mit dem Zitronensaft cremig aufschlagen. Die Pfanne vom Herd nehmen, den Quark unterrühren und das Gericht sofort servieren.

Kalbsgulasch mit Paprika und Gemüse

Zubereitung: 45 Minuten
Für 2 Personen

400 g Kalbsnuss
Salz, Pfeffer
1 Zwiebel
etwas Öl
1 TL scharfes Paprikapulver
200 ml Gemüsebrühe (0 % Fett)
1 Möhre
½ Zucchino
1 Tomate
100 g Magerquark

1. Das Fleisch in Würfel schneiden und mit Salz und Pfeffer würzen. Die Zwiebel schälen und sehr fein schneiden.
2. Ein Stück Küchenpapier mit etwas Öl tränken und einen Schmortopf damit ausreiben. Das Öl erhitzen und das Fleisch darin unter ständigem Rühren bei mittlerer Hitze etwa 10 Minuten braun anbraten.
3. Sobald das Fleisch Farbe annimmt, die Zwiebel hinzufügen und mit Paprikapulver, Salz und Pfeffer würzen. Die Brühe angießen. Gut umrühren und das Gulasch zugedeckt bei schwacher Hitze 25 Minuten köcheln lassen.
4. Inzwischen die Möhre putzen, schälen und in sehr feine Streifen schneiden. Den Zucchino putzen, schälen und mit dem Sparschäler der Länge nach in dünne Scheiben hobeln. Die Tomate waschen, halbieren, vorsichtig mit der Hand auspressen und das Fruchtfleisch ohne die Stielansätze fein würfeln.
5. Das Gemüse in einem Topf mit Dämpfeinsatz 10 Minuten dämpfen. Unmittelbar vor dem Servieren mit dem Quark vermengen (siehe Tipp) und mit Salz und Pfeffer abschmecken. Das Gulasch auf einer Servierplatte anrichten und das Gemüse rundherum verteilen.

TIPP
Sollte der Quark zu fest sein, können Sie ihn mit etwas entrahmter Milch verdünnen und dann erst mit dem Gemüse mischen.

Käse-Spinat-Konjak-Nudeln à la Dukan

Zubereitung: 25 Minuten
Für 2 Personen

220 g Konjak-Nudeln (Asienladen)
½ Zwiebel
100 g tiefgekühlter Blattspinat
100 g magerer Schinken (ohne Fettrand)
1–2 Stängel Basilikum
1–2 Stängel Petersilie
60 g geriebener fettarmer Gouda
frisch geriebene Muskatnuss
Salz, Pfeffer
1 Tropfen Butterschmalz-Aroma

Außerdem
1 kleine ofenfeste Form

1. Die Nudeln in einem Sieb unter fließendem Wasser 2 Minuten abspülen. In Salzwasser 1–2 Minuten kochen, wieder in ein Sieb gießen und abtropfen lassen. Inzwischen die Zwiebel schälen und fein hacken.
2. Den tiefgekühlten Spinat in einem Topf in etwas Wasser langsam auftauen oder in der Mikrowelle bei 700 Watt etwa 5 Minuten auftauen. Den Schinken in kleine Würfel schneiden. Die Kräuter waschen und trocken schütteln, die Blätter abzupfen und fein hacken.
3. Den Backofen auf 220 °C vorheizen. Nudeln, Zwiebel, Spinat, Schinken und den Gouda in einer Schüssel gut vermischen. Nach Geschmack mit Muskatnuss, Salz, Pfeffer und Butterschmalz-Aroma würzen. Die Kräuter untermischen.
4. Alles in eine ofenfeste Form geben und im heißen Ofen etwa 10 Minuten backen. Auf zwei Teller verteilen und sofort genießen.

Currywurst à la Dukan mit Kürbisfritten

Zubereitung: 40 Minuten
Für 2 Personen

Für die Kürbisfritten
300 g Kürbisfruchtfleisch (z. B. Hokkaido)
1 EL Maisstärke
3 Tropfen Olivenöl
Salz, Pfeffer
½ TL Currypulver
1 TL getrockneter Rosmarin

Für die Currysauce
¼ Zwiebel
100 g Tomaten aus der Dose
2 Tropfen Honig-Aroma
1 TL Essig
1 TL Gemüsebrühe (0 % Fett)
1 TL Sojasauce
2 TL Currypulver
1 Msp. Paprikapulver
1 Tropfen Tabasco

Außerdem
250 g Rostbratwürste (max. 3 % Fett)
1 TL Currypulver zum Bestreuen

1. Für die Kürbis-Fritten den Backofen auf 190 °C vorheizen. Ein Backblech mit Backpapier belegen. Den Kürbis in pommesähnliche Stäbchen schneiden.
2. Maisstärke, Olivenöl, Salz, Pfeffer, Currypulver und Rosmarin in eine Schüssel geben. Die Kürbisstäbchen dazugeben und gut mit den Gewürzen vermischen. Die Stäbchen gleichmäßig auf dem Backblech verteilen und im heißen Ofen 25–30 Minuten backen. Nach 10–15 Minuten wenden und fertig backen.
3. Inzwischen für die Sauce die Zwiebel schälen, fein hacken und mit allen anderen Zutaten im Mixer fein pürieren. In einen Topf umfüllen und bei schwacher Hitze 5 Minuten köcheln lassen.
4. Die Rostbratwürste in einer beschichteten Pfanne ohne Fett rundherum 10–12 Minuten braten. In dicke Scheiben schneiden, mit der Currysauce übergießen (oder die Sauce extra dazu reichen) und mit dem Currypulver bestreuen. Die Kürbisfritten dazu servieren.

TIPP
Ganz Hungrige können sich noch einen Dukan-Haferkleiepfannkuchen (Rezept siehe Seite 84) dazu gönnen.

PHASE 2

Aufbauphase

Eier

➡ *Raffinierte Rezepte wie Zwiebelkuchen à la Dukan ohne Boden sind echte Schlankheitsbooster auf Ihrem Weg zur Traumfigur. Aber auch die leckeren Zucchiniplätzchen können sich sehen lassen!*

Zucchiniplätzchen

Zubereitung: 20 Minuten
Backzeit: 4–5 Minuten
Für 2 Personen (12 Stück)

2 Eiweiß
250 g Zucchini
1 kleine Knoblauchzehe
einige Stängel Petersilie
Salz, Pfeffer
etwas Öl

1. Die Eiweiße steif schlagen.
2. Zucchini waschen, putzen und auf der Gemüsereibe grob raspeln. Knoblauch schälen und durch die Presse drücken. Die Petersilie waschen und trocken schütteln, die Blätter abzupfen und sehr fein hacken. Alles vermischen und mit Salz und Pfeffer würzen.
3. Den Eischnee vorsichtig unter die Masse ziehen. Eine Pfanne mit etwas Öl einfetten und den Teig mit einem Esslöffel portionsweise hineinsetzen. Etwas flach drücken und bei mittlerer Hitze knusprig backen. Alle Zucchiniplätzchen auf diese Weise backen.

Omelett mit Sardellen

Zubereitung: 25 Minuten
Für 2 Personen

3 Tomaten, 6 getrocknete Tomaten
8 Sardellenfilets (in Salz)
1 EL Kapern
10 Schnittlauchhalme
je 5 Stängel Koriandergrün und Petersilie
8 Eier
2 EL entrahmte Milch (0,1 % Fett)
Pfeffer

1. Tomaten waschen und ohne Stielansätze achteln. Getrocknete Tomaten in Wasser einweichen. Sardellen abspülen, abtropfen lassen und trocken tupfen. Tomaten, Sardellen und Kapern in einer beschichteten Pfanne bei mittlerer Hitze 5 Minuten anbraten.
2. Kräuter waschen, trocken schütteln und klein schneiden. Getrocknete Tomaten klein schneiden. Eier kräftig verschlagen, mit Milch und Kräutern verrühren und pfeffern. In einer Pfanne bei mittlerer Hitze je etwa 6 Minuten nacheinander drei 5 mm dicke Omeletts backen. Etwas abkühlen lassen, in Streifen oder Stücke schneiden und mit der Tomaten-Sardellen-Mischung und den getrockneten Tomaten vermischen.

Quark mit Ei und Paprikaschote

Zubereitung: 10 Minuten
Für 2 Personen

½ Knoblauchzehe
½ Salatgurke
¼ gelbe Paprikaschote
1 rote Paprikaschote
1 hart gekochtes Ei
250 g Magerquark
Saft von ½ Zitrone
Salz, Pfeffer

1. Den Knoblauch schälen und zerdrücken. Die Gurke waschen, schälen und in 1 cm große Würfel schneiden. Die Paprikaschoten waschen, Trennwände und Kerne entfernen und das Fruchtfleisch in feine Streifen schneiden. Das Ei pellen und fein hacken.
2. Den Quark in einer Schüssel mit den Gurkenwürfeln, Knoblauch, Ei und Zitronensaft verrühren, mit Salz und Pfeffer abschmecken und mit den Paprikastreifen garniert servieren.

Eier nach Lothringer Art

Zubereitung: 10 Minuten
Garzeit: 40 Minuten
Für 4 Personen

4 Eier, ½ l entrahmte Milch (0,1 % Fett)
Salz, Pfeffer, frisch geriebene Muskatnuss
4 Tomaten, einige Basilikumblätter
½ TL flüssiger Süßstoff

Außerdem
4 kleine ofenfeste Förmchen (200 ml Inhalt)

1. Den Backofen auf 180 °C vorheizen. Etwas heißes Wasser in eine größere ofenfeste Form gießen. Die Eier mit Milch, Salz, Pfeffer und 1 Prise Muskat verschlagen. Auf die Förmchen verteilen und etwa 40 Minuten im Wasserbad stocken lassen.
2. Inzwischen die Tomaten heiß überbrühen, häuten und entkernen. Fruchtfleisch ohne Stielansätze fein würfeln und in einer Pfanne sämig einkochen lassen. 50–70 ml Wasser dazugeben. Basilikumblätter fein hacken und unterrühren. Die Sauce mit Salz, Pfeffer und Süßstoff abschmecken. Die Eier aus den Förmchen stürzen, mit der Sauce umgießen und servieren.

Gemüseflan mit frischen Kräutern

Zubereitung: 25 Minuten
Für 2 Personen

4 Eier, frisch geriebene Muskatnuss
Salz, Pfeffer
1 EL fein gehackte Kräuter nach Wahl
½ l lauwarme entrahmte Milch (0,1 % Fett)
200 g gegarte Gemüsewürfel (z. B. Tomaten, Zucchini, Brokkoli, Aubergine, Möhre)

Außerdem
1 ofenfeste Form

1. Den Backofen auf 180 °C vorheizen und etwas heißes Wasser im tiefen Blech oder in einer größeren ofenfesten Form mit erhitzen. Die Eier mit 1 Prise Muskat, Salz, Pfeffer und den Kräutern gut verschlagen. Die Milch unterrühren.
2. Die Gemüsewürfel unterrühren, die Mischung in eine ofenfeste Form füllen, in das Wasserbad stellen und im heißen Ofen etwa 15 Minuten garen.

TIPP
Der Flan schmeckt auch mit anderen Gemüsesorten. Wichtig ist nur, dass feste Gemüse vorgegart werden

Zwiebel-Schinken-Kuchen

Zubereitung: 15 Minuten
Backzeit: 30–35 Minuten
Für 2 Personen

50 g Maisstärke
2 Eier (Größe M)
100 g Magerquark
125 g junge Zwiebeln
100 g magerer gekochter Schinken (ohne Fettrand)
1 Tomate
Salz, Pfeffer
45 g Kochkäse (5% Fett, ersatzweise fettarmer Schmelzkäse)

Außerdem
1 Tarteform (etwa 28 cm Ø)

1. Die Maisstärke in eine Schüssel geben. Die Eier trennen. Die Eigelbe und den Quark mit der Maisstärke verrühren. Die Eiweiße mit dem Handrührgerät sehr steif schlagen und vorsichtig unterheben. Den Teig in eine beschichtete oder mit Backpapier ausgelegte Tarteform geben. Den Backofen auf 210°C vorheizen.
2. Die Zwiebeln schälen und fein schneiden. Den gekochten Schinken ebenfalls klein hacken. Die Tomate waschen und ohne den Stielansatz in feine Streifen schneiden.
3. Zuerst die Zwiebeln auf dem Teig in der Form verteilen und mit Salz und Pfeffer würzen. Schinken, Tomate und Kochkäse darauf verteilen. Den Zwiebel-Schinken-Kuchen im heißen Ofen 30–35 Minuten backen. Heiß oder kalt servieren.

PHASE 2

Gratinierter Chicorée

Zubereitung: 30 Minuten
Für 2 Personen

2 Zwiebeln
etwas Öl
400 g Chicorée
3 hart gekochte Eier
200 ml Tomatensaft
Salz, Pfeffer

Außerdem
1 kleine ofenfeste Form

1. Die Zwiebeln schälen und fein schneiden. Eine Pfanne mit etwas Öl einfetten und die Zwiebeln darin goldbraun andünsten. Dann in einer Gratinform verteilen. Den Backofen auf 220 °C vorheizen.
2. Den Chicorée waschen, putzen und je nach Größe ganz lassen oder längs halbieren, den bitteren Strunk in jedem Fall entfernen. Die Chicoréestauden 10–12 Minuten dämpfen, dann auf die Zwiebeln legen. Die Eier pellen, fein hacken und auf dem Chicorée verteilen.
3. Den Tomatensaft mit Salz und Pfeffer würzen und über das Gemüse und die Eier gießen. Alles im heißen Ofen 10 Minuten gratinieren.

Chicorée à la royale

Zubereitung: 35 Minuten
Für 2 Personen

500 g Chicorée
Salz
1 Ei
75 ml entrahmte Milch (0,1 % Fett)
Pfeffer
frisch geriebene Muskatnuss

Außerdem
1 kleine ofenfeste Form

1. Den Backofen auf 180 °C vorheizen. Die äußeren Blätter von den Chicoréestauden entfernen und die Strünke aus der Mitte herausschneiden. Stauden unter fließendem Wasser waschen, in 2 cm breite Streifen schneiden und in kochendem Salzwasser etwa 2 Minuten blanchieren. Kalt abschrecken und gut abtropfen lassen.
2. Das Ei in einer kleinen Schüssel mit Milch, Salz, Pfeffer und 1 Prise Muskat verschlagen. Den Chicorée in einer Auflaufform verteilen und die Eiermilch darübergießen. Das Gemüse im heißen Ofen 15–20 Minuten überbacken, bis das Ei gestockt ist.

PHASE
2

Zwiebelkuchen à la Dukan ohne Boden

Zubereitung: 20 Minuten
Backzeit: 35–45 Minuten
Für 2 Personen

500 g Zwiebeln
100 g magerer roher Schinken (max. 7 % Fett)
1 EL Maisstärke
2 Eier
70 ml entrahmte Milch (0,1 % Fett)
30 ml Rama Cremefine (7 % Fett)
Salz, Pfeffer
gemahlener Kreuzkümmel
frisch geriebene Muskatnuss
3 Tropfen Butterschmalz-Aroma

Außerdem
1 runde Springform (24 cm Ø)

1. Die Zwiebeln schälen und fein hacken. Den Schinken klein würfeln.
2. Eine beschichtete Pfanne ohne Fett erhitzen, die Zwiebeln hineingeben und unter ständigem Rühren in etwa 10 Minuten glasig dünsten. Falls nötig, etwas Wasser dazugeben. Die Maisstärke unterrühren und die Zwiebeln abkühlen lassen. Den Backofen auf 200 °C vorheizen.
3. Die Eier verquirlen und mit der Milch und der Rama Cremefine unter die Zwiebeln mischen. Nach Geschmack mit Salz, Pfeffer, je ½ TL Kreuzkümmel und Muskatnuss und dem Butterschmalz-Aroma würzen.
4. Alles in eine runde Springform geben und mit den Schinkenwürfeln bestreuen. Im heißen Ofen 35–45 Minuten backen. Herausholen und kurz abkühlen lassen. Aus der Form lösen, in Stücke schneiden und warm mit einem Salat servieren.

PHASE
2

Aufbauphase

Fisch & Meeresfrüchte

In diesem Kapitel finden Sie außer der leckeren kalten Gurkensuppe mit Garnelen, die nicht nur optisch viel hermacht, auch Köstliches zum Sattessen mit feinem Fisch!

Kalte Gurkensuppe mit Garnelen

Zubereitung: 30 Minuten
Kühlzeit: 45 Minuten
Für 2 Personen

1 kleine Salatgurke
½ weiße Zwiebel
½ Knoblauchzehe
2 Stängel Koriandergrün
Saft von 1 Zitrone
nach Belieben 1 EL Anisette
Salz, Pfeffer
ca. 225 ml Mineralwasser
4 gegarte geschälte Garnelen
ein paar Tropfen Tabasco
⅛ rote Paprikaschote, ¼ rote Zwiebel

1. Die Gurke putzen, schälen, der Länge nach halbieren und die Kerne herauskratzen. Die Zwiebel schälen und grob zerkleinern. Den Knoblauch schälen. Das Koriandergrün waschen und trocken schütteln, die Blätter abzupfen und fein schneiden. Gurken mit Zwiebel, Knoblauch, der Hälfte vom Zitronensaft, nach Wunsch Anisette, Salz und Pfeffer im Mixer fein pürieren. Das Püree mit 200–250 ml Mineralwasser verdünnen, die Hälfte des Koriandergrüns unterrühren und die Mischung zugedeckt 45 Minuten kalt stellen.
2. Eine halbe Stunde vor dem Servieren die Garnelen der Länge nach halbieren und auf einem Teller mit dem übrigen Zitronensaft und ein paar Tropfen Tabasco beträufeln. Zudecken und bis zum Servieren kalt stellen.
3. Das Paprikastück waschen und in feine Streifen schneiden. Die rote Zwiebel schälen und ebenfalls in Streifen schneiden.
4. Die Suppe noch einmal abschmecken und auf zwei Schalen verteilen, mit Paprika, Zwiebel, Garnelen und dem restlichen Koriandergrün garnieren und sofort servieren.

Blattsalate mit Garnelen

Zubereitung: 20 Minuten
Für 2 Personen

600 g gemischte Blattsalate
4 TL Diätöl
4 TL Essig
Salz, Pfeffer
ein paar kleine Zweige Estragon
200 g gegarte geschälte Garnelen
4 Eier

1. Den Salat waschen, trocken schleudern und die Blätter in mundgerechte Stücke zupfen.
2. Öl und Essig in einer Salatschüssel mit Salz und Pfeffer verrühren. Estragon waschen, trocken schütteln und die Blätter abzupfen. Salat, Garnelen und Estragonblätter in die Schüssel geben und vorsichtig durchmischen.
3. Die Eier 5–6 Minuten kochen (die Dotter sollten noch etwas flüssig sein), abschrecken und vorsichtig pellen. Heiß auf dem Salat anrichten.

Spinatsalat mit Räucherfisch

Zubereitung: 10 Minuten
Für 2 Personen

350 g junger Spinat
150 g geräucherter Fisch (z. B. Lachs, Heilbutt, Forelle oder Aal)
½ TL Senf
2 TL Essig
2 TL Haselnussöl
Salz, Pfeffer

1. Den Spinat waschen, gut trocken schleudern und auf zwei Teller verteilen.
2. Den geräucherten Fisch in Streifen schneiden. In einer Pfanne 2 Minuten anbraten und dekorativ auf dem Spinat verteilen.
3. Aus Senf, Essig, Öl, Salz und Pfeffer eine Vinaigrette herstellen und über den Salat träufeln.

links: Spinatsalat mit Räucherfisch • rechts: Blattsalate mit Garnelen

Amuse-Gueules à la Dukan

Zubereitung: 30 Minuten
Für 6 Personen

1 Salatgurke
3 Möhren
1 Bund Radieschen
1 Fenchelknolle
einige Stangen Staudensellerie
200 g gegarte geschälte Garnelen
200 g Surimi

Für den Dip
einige Basilikumblätter
ein paar kleine Stängel Estragon
einige Stängel Petersilie
250 g Magerquark, Salz, Pfeffer

1. Die Gemüse waschen, putzen, gegebenenfalls schälen und in Stifte schneiden. Die Garnelen mit den Surimi und den Gemüsestiften auf einer Platte anrichten.
2. Das Basilikum waschen, trocken tupfen und klein hacken. Estragon und Petersilie waschen und trocken schütteln, die Blätter abzupfen und ebenfalls fein hacken. Den Quark mit den Kräutern verrühren, mit Salz und Pfeffer würzen und als Dip dazu reichen.

Thunfisch-Quiche mit Tomaten

Zubereitung: 15 Minuten
Backzeit: 20–25 Minuten
Für 2–3 Personen

2 Eier, 4 Eiweiß
etwas Öl
1 kleine Tomate
1 kleine Dose Thunfisch (im eigenen Saft; Abtropfgewicht 150 g)
2 EL Magerquark
2 Msp. provenzalische Kräuter
Salz, Pfeffer

1. Eier und Eiweiße verschlagen. Ein Stück Küchenpapier mit Öl beträufeln und eine kleine Pfanne damit ausreiben. Die Eier hineingießen und etwa 8 Minuten stocken lassen. Das Omelett in eine ofenfeste Form gleiten lassen. Den Backofen auf 180 °C vorheizen.
2. Die Tomate waschen und ohne Stielansatz in dünne Scheiben schneiden. Den Thunfisch mit einer Gabel klein zupfen. Den Quark mit den Kräutern, Salz und Pfeffer verrühren. Thunfisch und Quark mischen und gleichmäßig auf dem Omelett verteilen. Tomatenscheiben dekorativ darauflegen. Die Quiche im heißen Ofen 20–25 Minuten backen und sofort servieren.

Lachssalat mit Fenchel

Zubereitung: 20 Minuten
Für 2 Personen

1 kleines Bund Dill
½ Fenchelknolle
Saft von ½ Zitrone
Salz, Pfeffer
250 g Joghurt (0,1 % Fett)
4 Scheiben Räucherlachs
4 schöne Salatblätter

1. Den Dill waschen, trocken schütteln und fein schneiden. Den Fenchel waschen, putzen und fein würfeln.
2. Aus Zitronensaft, Salz, Pfeffer und Joghurt ein Dressing anrühren und mit dem Dill und dem Fenchel vermischen.
3. Unmittelbar vor dem Servieren den Räucherlachs in feine Streifen schneiden und auf zwei Teller verteilen. Salatblätter waschen und trocken schleudern. Je 2 Salatblätter neben dem Lachs anrichten und das Dressing in die Salatblätter gießen.

Tomaten mit Thunfischfüllung

Zubereitung: 20 Minuten
Für 2 Personen

4 große reife Tomaten
Salz
140 g Thunfisch im eigenen Saft (aus der Dose)
100 g Magerquark
2 EL Kapern
2 EL Schnittlauchröllchen
1 EL Zitronensaft
Pfeffer
2 EL Forellenkaviar
etwas Paprikapulver

1. Die Tomaten heiß überbrühen und häuten. Jeweils einen Deckel abschneiden. Die Tomaten mit einem Löffel vorsichtig aushöhlen, innen mit Salz bestreuen und umgedreht auf Küchenpapier abtropfen lassen.
2. Den Thunfisch klein zupfen, mit Quark, Kapern, Schnittlauchröllchen und Zitronensaft vermischen und mit Pfeffer würzen. Die Tomaten damit füllen, mit dem Forellenkaviar garnieren und mit Paprikapulver bestreuen. Die Deckel anlegen und die gefüllten Tomaten servieren.

Gebratene Garnelen und Konjak-Nudeln mit Pesto à la Dukan

Zubereitung: 35 Minuten
Für 2 Personen

1 Bund Basilikum
1 Bund Petersilie
¼ Zwiebel
1 Knoblauchzehe
2 Tropfen Oliven-Aroma
1 Tropfen Walnuss-Aroma
Salz, Pfeffer
30 g geriebener fettarmer Harzerkäse
220 g Konjak-Nudeln (Asienladen)
400 g rohe geschälte Garnelen
½ TL gemahlene Kurkuma

1. Basilikum und Petersilie waschen und trocken schütteln, die Blätter abzupfen. Zwiebel und Knoblauch schälen und in kleine Würfel schneiden. Kräuter, Knoblauch, Zwiebel und die beiden Aromen mit 2 EL Wasser in einem Mixer pürieren. Nach Geschmack mit Salz und Pfeffer würzen.

2. Das Pesto in einen Topf umfüllen, den Harzerkäse dazugeben und beides 1–2 Minuten erwärmen, bis der Käse geschmolzen ist. Oder in der Mikrowelle bei 700 Watt etwa 3 Minuten erwärmen.

3. Die Konjak-Nudeln in einem Sieb unter fließendem Wasser 2 Minuten abspülen. In Salzwasser 2–3 Minuten kochen, wieder in ein Sieb gießen und abtropfen lassen.

4. Eine beschichtete Pfanne ohne Fett erhitzen und die Garnelen darin rundherum braten, bis sie rosa sind. Mit Kurkuma, Salz und Pfeffer würzen.

5. Die Nudeln mit dem Pesto vermischen, auf zwei Tellern oder Schalen verteilen und die gebratenen Garnelen darauf anrichten.

PHASE 2

Lachsrouladen mit Salatherzen

Zubereitung: 40 Minuten
Für 2 Personen

2 Palmherzen (aus der Dose)
2 Scheiben Räucherlachs
15 g Frischkäse (0,2 % Fett)
30 g Magerquark
½ Msp. provenzalische Kräuter
1 Tropfen Himbeeressig
Salz, Pfeffer

Außerdem
1 kleine ofenfeste Form

1. Den Backofen auf 150 °C vorheizen. Die Palmherzen abtropfen lassen und mit dem Räucherlachs umwickeln.
2. Den Frischkäse mit Quark, Kräutern und Essig verrühren und mit Salz und Pfeffer würzen. Die Hälfte der Quarkcreme in einer ofenfesten Form verteilen. Die Lachsrollen darauflegen und mit der restlichen Quarkcreme überziehen.
3. Die Rouladen im heißen Ofen etwa 20 Minuten garen und sofort servieren.

Friséesalat mit Räucherlachs

Zubereitung: 15 Minuten
Für 2 Personen

2 Köpfe Friséesalat
einige Stängel Dill
120 g Räucherlachs
Saft von 2 Zitronen
Salz, Pfeffer
2 EL Diätöl mit Estragon
2 EL Lachsrogen

1. Den Salat waschen und trocken schleudern. Den Dill waschen, trocken schütteln und klein zupfen.
2. Den Räucherlachs in Streifen schneiden und in einer Schüssel mit Salat und Dill mischen.
3. Aus Zitronensaft, Salz, Pfeffer und Öl eine Vinaigrette herstellen und den Salat damit beträufeln. Den Lachsrogen darüberstreuen und den Salat sofort servieren.

Chinesisches Fondue

Zubereitung: 35 Minuten
Für 4 Personen

600 g Gemüse Ihrer Wahl (z. B. Weißkohl, Möhren, Pilze, Knollensellerie, Tomaten)
300 ml Gemüsebrühe (0 % Fett)
400 g Fischfilet (z. B. Seeteufel, Kabeljau oder Goldbrasse)
100 g Kalmar
12 Garnelen oder Scampi
12 Miesmuscheln
1 Zitrone
1 l Fisch- oder Gemüsebrühe
Salz, Pfeffer
einige Stängel Kerbel

1. Das Gemüse waschen, putzen, gegebenenfalls schälen und klein schneiden. Die Gemüse nacheinander in der Gemüsebrühe bissfest garen, dann abkühlen lassen und auf einer Platte dekorativ anrichten.
2. Das Fischfilet waschen und trocken tupfen, eventuell vorhandene Gräten entfernen. Fisch in mundgerechte Stücke schneiden. Den Kalmar in Streifen schneiden. Die Garnelen oder Scampi schälen. Die Miesmuscheln gründlich waschen, eventuell mit einer Bürste säubern. Geöffnete Muscheln aussortieren und wegwerfen, sie sind nicht mehr gut. Fischstücke, Kalmar, Garnelen oder Scampi und Muscheln auf einer Platte oder vier Tellern anrichten. Die Zitrone in Scheiben schneiden und die Platte damit garnieren.
3. Die Fisch- oder Gemüsebrühe im Fonduetopf erhitzen und kräftig mit Salz und Pfeffer abschmecken. Den Kerbel waschen und hinzufügen.
4. Den Topf mit der Brühe auf einen Rechaud stellen. Fisch und Gemüse nach Geschmack und Belieben in die Metallkörbchen legen und in der Brühe garen. Dazu verschiedene Saucen reichen.

Kabeljaufilet mit Topinambur-Kruste

Zubereitung: 30 Minuten
Für 2 Personen

250 g Topinambur
frisch geriebene Muskatnuss
Salz, Pfeffer
2 Kabeljaufilets (je etwa 180 g)
2 TL Dijonsenf

1. Backofen auf 200 °C vorheizen. Topinambure putzen, schälen und in dünne Scheiben schneiden. Ein Blech mit Backpapier belegen und die Hälfte der Scheiben in zwei Ovalen in Größe der Fischfilets überlappend darauf auslegen. Mit Muskatnuss, Salz und Pfeffer würzen.
2. Topinambure im heißen Ofen etwa 7 Minuten goldbraun backen. Fischfilets waschen und trocken tupfen. Eventuell vorhandene Gräten entfernen. Auf die gebackenen Topinambure legen und mit Senf bestreichen. Restliche Topinambure so auf den Fischfilets verteilen, dass sie aussehen wie Fischschuppen.
3. Fischfilets im heißen Ofen etwa 20 Minuten garen. Vorsichtig vom Blech heben und auf Tellern anrichten.

Gefüllter Seehecht

Zubereitung: 20 Minuten
Garzeit: 30 Minuten
Für 2 Personen

½ kleine Zwiebel
½ zarte Stange Staudensellerie
50 g Krebsfleisch, 1 Ei (Größe S)
etwa ⅛ l Tomatensaft, Salz, Pfeffer
1 Seehechtfilet (350–400 g; beim Fischhändler vorbestellen)

1. Backofen auf 210 °C vorheizen. Zwiebel schälen und fein hacken. Sellerie ebenfalls fein hacken. Zwiebel, Sellerie, Krebsfleisch und das Ei in einer Schüssel vermischen und die Hälfte vom Tomatensaft hinzufügen. Mit dem Pürierstab zu einer Farce pürieren, bei Bedarf mehr Tomatensaft untermixen. Mit Salz und Pfeffer würzen.
2. Fischfilet waschen, trocken tupfen und in vier Stücke schneiden. Zwei Fischstücke mit etwas Farce bestreichen, die übrigen Fischstücke auflegen und andrücken.
3. Die gefüllten Fischfilets in eine flache Auflaufform legen, den übrigen Tomatensaft und die restliche Farce dazugeben. Im heißen Ofen etwa 30 Minuten garen. Heiß servieren.

oben: Gefüllter Seehecht • unten: Kabeljaufilet mit Topinambur-Kruste

PHASE 2

Lachsgelee

Zubereitung: 30 Minuten
Kühlzeit: 2 Stunden
Für 2 Personen

2 kleine Stücke Lachs
8 Blatt Gelatine
¼ l fettarme Fischbrühe
4 Stängel Dill
1 Scheibe Räucherlachs
50 g Lachsrogen

1. Zwei nicht zu kleine Glasschalen in das Tiefkühlfach stellen. Den Lachs waschen, trocken tupfen und eventuell vorhandene Gräten entfernen. Dann in einem Dämpfeinsatz etwa 5 Minuten dämpfen.
2. Die Gelatine in kaltem Wasser einweichen. Die Brühe bei starker Hitze 5 Minuten einkochen lassen. Den Topf vom Herd nehmen, die Gelatine ausdrücken und in der Brühe auflösen, abkühlen lassen. Den Dill waschen und trocken schütteln, die Blätter abzupfen und fein hacken. Den Räucherlachs in Streifen schneiden.
3. In jede gefrostete Glasschale etwas Gelee gießen. Dill, Lachs, Lachsrogen (bis auf 1 TL) und Räucherlachs auf die Schalen verteilen. Das restliche Gelee darübergießen und die Schalen 2 Stunden in den Kühlschrank stellen.
4. Das Lachsgelee auf Teller stürzen, mit dem übrigen Lachsrogen garnieren und mit einem Kräutersalat oder einem Salat aus jungem Blattgemüse servieren.

PHASE
2

Fischragout

Zubereitung: 35 Minuten
Für 2 Personen

250 g Miesmuscheln
500 g Fischfilet (z. B. Seeteufel, Petersfisch)
75 g Champignons
etwas Öl
¼ l fettarme Fischbrühe
Saft von ½ Zitrone
2 EL Magerquark
1 Eigelb
Salz, Pfeffer

1. Die Muscheln gründlich waschen, eventuell mit einer Bürste säubern. Offene Muscheln aussortieren und wegwerfen.

2. Das Fischfilet waschen und trocken tupfen, eventuell vorhandene Gräten herausziehen. Das Filet in Würfel schneiden. Die Champignons putzen, trocken abreiben und klein schneiden. Eine Pfanne mit etwas Öl einfetten und die Fischwürfel mit den Champignons darin kurz anbraten. Die Muscheln dazugeben und die Fischbrühe dazugießen. 10–15 Minuten kochen lassen, anschließend abgießen und dabei die Kochflüssigkeit auffangen.

3. Muscheln, die sich beim Garen nicht geöffnet haben, aussortieren und wegwerfen. Aus den offenen Muscheln das Fleisch herauslösen und mit dem Fisch und den Champignons warm stellen.

4. Die Kochflüssigkeit um die Hälfte einkochen lassen und durch ein feines Sieb gießen. Den Zitronensaft einrühren und die Sauce bei schwacher Hitze mit Quark und Eigelb binden. Vorsicht, sie darf jetzt nicht mehr kochen, sonst gerinnt das Eigelb.

5. Die Sauce mit Salz und Pfeffer abschmecken. Muscheln, Fisch und Champignons auf zwei Teller verteilen. Die Sauce darübergießen und das Gericht sofort servieren.

Wolfsbarsch auf indische Art

Zubereitung: 35 Minuten
Marinierzeit: 1 Stunde
Für 2 Personen

200 g Wolfsbarschfilet
100 g Garnelen
1 EL Garam Masala
125 g Joghurt (0,1 % Fett)
Salz
1 Schalotte
200 g Möhren
100 g Fenchel
etwas Öl
1 EL Gemüsebrühe (0 % Fett)
½ TL Maisstärke
40 g Kresse
1 Spritzer Zitronensaft
Pfeffer

1. Das Fischfilet waschen und trocken tupfen. Eventuell vorhandene Gräten herausziehen. Die Garnelen schälen. Das Garam Masala mit der Hälfte vom Joghurt verrühren. Den Fisch und die Garnelen salzen, den gewürzten Joghurt darüber verteilen und mindestens 1 Stunde im Kühlschrank marinieren lassen.
2. Anschließend auf Küchenpapier abtropfen lassen und in einer Pfanne bei starker Hitze kurz anbraten. Auf einen Teller geben und zudecken.
3. Die Schalotte schälen und fein hacken. Möhren und Fenchel waschen und putzen bzw. schälen und in sehr feine Streifen schneiden. Eine Pfanne mit etwas Öl einfetten und die Schalotten darin unter Rühren weich dünsten. Möhren und Fenchel dazugeben und einige Minuten dünsten. Die Gemüsebrühe hinzufügen und das Gemüse zugedeckt weich garen.
4. Die Maisstärke mit dem übrigen Joghurt und 1 EL kaltem Wasser verrühren. Über das Gemüse gießen und einmal aufkochen lassen. Fisch, Garnelen und die Kresse dazugeben und mit Zitronensaft, Salz und Pfeffer abschmecken.

Scampi auf mexikanische Art

Zubereitung: 15 Minuten
Für 2 Personen

2 Tomaten
½ grüne Chilischote
½ Knoblauchzehe
1 Stängel Koriandergrün
Saft von ½ Limette
Salz
16 rohe Scampi oder Riesengarnelen

1. Die Tomaten überbrühen und häuten. Die Kerne entfernen und das Fruchtfleisch ohne die Stielansätze in Würfel schneiden. Die halbe Chilischote entkernen, waschen und in dünne Streifen schneiden. Den Knoblauch schälen und fein hacken.

2. Den Koriander waschen und trocken schütteln, die Blätter abzupfen und fein hacken. Tomatenwürfel und Chilistreifen mit Koriandergrün, Limettensaft und Knoblauch mischen und mit Salz würzen.

3. Die Scampi oder Garnelen schälen und den dünnen schwarzen Darm am Rücken mit einem spitzen Messer entfernen. Scampi oder Garnelen in einen Dämpfeinsatz legen und 2–3 Minuten dämpfen, bis sie sich rosa verfärbt haben. Mit der Sauce vermischt servieren.

PHASE
2

Lachs mit Gemüse

Zubereitung: 40 Minuten
Für 2 Personen

½ kleiner Zucchino
1 Tomate
50 g Champignons
2 Scheiben Lachs
½ Zitrone
Salz, Pfeffer, 1 TL rosa Pfefferbeeren

1. Backofen auf 210 °C vorheizen. Den halben Zucchino waschen, putzen und in dünne Scheiben schneiden. Tomate überbrühen, häuten und ohne Stielansatz in Spalten schneiden. Champignons putzen, trocken abreiben und in dünne Scheiben schneiden.
2. Lachs waschen und trocken tupfen, eventuell vorhandene Gräten entfernen. Zitrone schälen und in Scheiben schneiden. 2 Bögen Backpapier bereitlegen. Je 1 Scheibe Lachs darauflegen, das Gemüse rundherum verteilen, einige Zitronenscheiben darauflegen. Mit Salz und Pfeffer würzen und je ½ TL rosa Pfefferbeeren hinzufügen.
3. Das Papier zu Päckchen verschließen und in eine ofenfeste Form legen. Im heißen Ofen etwa 20 Minuten garen.

Matjes mit Fenchel

Zubereitung: 35 Minuten
Für 2 Personen

1 Zwiebel, 2 Gewürzgurken
200 g Magerquark
100 g Frischkäse (0,2 % Fett)
6 Tropfen Zitronensaft
50–100 ml entrahmte Milch (0,1 % Fett)
Salz, Pfeffer, 2 TL frisch gehackter Dill
3 Matjesfilets (etwa 220 g; natur)
200 g Fenchel
100 ml Gemüsebrühe (0 % Fett)
½ TL gemahlener Kreuzkümmel

1. Zwiebel schälen und in feine Ringe schneiden. Gewürzgurken in dünne Scheiben schneiden. Quark und Frischkäse mit Zitronensaft und Milch cremig rühren. Mit Salz, Pfeffer und Dill würzen. Gewürzgurken und die Hälfte der Zwiebelringe unterrühren. Matjesfilets würfeln und zum Quark geben. Zugedeckt in den Kühlschrank stellen.
2. Fenchel waschen, längs halbieren und in feine Streifen schneiden. In einer beschichteten Pfanne 5 Minuten braten. Brühe dazugießen und 15 Minuten weiterköcheln. Mit Salz, Pfeffer und Kreuzkümmel würzen. Matjes auf Teller geben, mit übrigen Zwiebelringen garnieren und mit Fenchel servieren.

links: Lachs mit Gemüse • rechts: Matjes mit Fenchel

Jakobsmuscheln mit Grillgemüse in pikanter Marinade

Zubereitung: 50 Minuten
Kühlzeit: 1 Stunde
Für 2 Personen

1 Bio-Zitrone
1–2 Stängel Koriandergrün
Salz, Pfeffer
8 Jakobsmuscheln
1 Aubergine (etwa 150 g)
2 Zucchini (etwa 300 g)
etwas Öl
4 EL Tomatensauce (siehe Rezept „Eier nach Lothringer Art", Seite 179)

1. Die Zitrone heiß waschen und abtrocknen. Die Schale dünn abschälen und den Saft auspressen. Den Koriander waschen und trocken schütteln, die Blätter abzupfen und fein hacken. Die Zitronenschale in feine Streifen schneiden und kurz blanchieren. Beides mit dem Saft, knapp 50 ml Wasser, Salz und Pfeffer zu einer Marinade verrühren.
2. Die Jakobsmuscheln in einen Dämpfeinsatz geben und etwa 3 Minuten dämpfen.
3. Aubergine und Zucchini waschen und putzen. Die Aubergine in Würfel, die Zucchini in Scheiben schneiden. Im Dämpfeinsatz 10 Minuten dämpfen. Anschließend auf ein eingeöltes Backblech legen und die Marinade dazugeben. Unter dem heißen Backofengrill 6–10 Minuten grillen, bis das Gemüse etwas Farbe angenommen hat. Zwischendurch einmal wenden.
4. Die Tomatensauce auf zwei Tellern verstreichen. Das Gemüse mit den Jakobsmuscheln darauf verteilen und das Ganze vor dem Servieren 1 Stunde im Kühlschrank durchziehen lassen.

PHASE 2

Miesmuscheln rheinische Art

Zubereitung: 30 Minuten
Für 2 Personen

1 kg Miesmuscheln
½ Zwiebel
½ Knoblauchzehe
100 g Lauch
1 Lorbeerblatt
2 Wacholderbeeren
1 Gewürznelke
⅛ l Weißwein
1–2 Stängel Petersilie
Salz, Pfeffer

1. Die Muscheln unter fließendem Wasser mit einer Bürste säubern und abtropfen lassen. Geöffnete Muscheln aussortieren und wegwerfen. Zwiebel und Knoblauch schälen und fein hacken. Lauch waschen, putzen und in Ringe schneiden.
2. Einen großen beschichteten Schmortopf ohne Fett erhitzen. Zwiebel, Knoblauch und Lauch darin andünsten. Lorbeerblatt, Wacholderbeeren und Gewürznelke ebenfalls hinzufügen. etwa ¼ l Wasser und den Weißwein angießen und zum Kochen bringen.
3. Die Muscheln auf einmal in den kochenden Sud geben, den Deckel auflegen und den Topf zwei- bis dreimal kräftig rütteln. Dann zugedeckt 5–7 Minuten weiterköcheln, dabei öfter rühren, bis die Muscheln sich geöffnet haben. Muscheln, die sich jetzt nicht geöffnet haben, aussortieren und wegwerfen. Petersilie waschen und trocken schütteln, die Blätter abzupfen und hacken.
4. Lorbeerblatt, Wacholderbeeren und Gewürznelke herausfischen und die Muscheln mit Petersilie bestreuen.
5. Die Muscheln und den Lauch mit dem Schaumlöffel aus dem Sud fischen und auf zwei tiefe Teller verteilen. Etwas Sud angießen. Nach Geschmack mit Salz und Pfeffer würzen. Die Muscheln gleich genießen.

TIPP
Dazu passt ein getoasteter Dukan-Haferkleiepfannkuchen (siehe Rezept Seite 84) mit 1–2 Tropfen Butterschmalz-Aroma.

PHASE 2

Aufbauphase

Gemüse

In diesem Kapitel kommen Gemüseliebhaber auf ihre Kosten. Eine tolle Auswahl an Suppen, Salaten, Gemüsepfannen und Spezialitäten wie Schupfnudeln mit Möhren à la Dukan zaubern Abwechslung auf Ihren Teller!

Mangold-Spinat-Gemüse mit Tofu

Zubereitung: 30 Minuten
Für 2 Personen

250 g Blattmangold
200 g Spinat
¼ Zwiebel
120 g Tofu
½ TL Sojasauce
Salz, Pfeffer
1 kleiner Stängel Minze

1. Mangold und Spinat gründlich waschen, gut ausdrücken und klein schneiden, die Mangoldstiele getrennt in kleine Würfel schneiden. Die Zwiebel schälen und fein schneiden. In einer beschichteten Pfanne mit den gewürfelten Mangoldstielen ohne Fett anbraten. Mangold und Spinat dazugeben und das Ganze zugedeckt 10 Minuten kochen lassen.
2. Inzwischen den Tofu in kleine Würfel schneiden. Die Sojasauce in einen Topf geben und den Tofu darin bei sehr schwacher Hitze anbraten. Mit Salz und Pfeffer würzen und weitere 5 Minuten braten.
3. Die Minze waschen und trocken schütteln, die Blätter abzupfen und fein hacken. Das Gemüse heiß mit dem Tofu und mit Minze bestreut servieren.

Möhrensuppe mit Fenchel

Zubereitung: 30 Minuten
Für 2–3 Personen

350 g Zwiebeln
350 g Lauch
2 Knoblauchzehen
4 mittelgroße Möhren
1 Fenchelknolle
etwas Öl
¼ TL Fenchelsamen
½ TL getrockneter Thymian
1 l fettarme Hühnerbrühe
Salz, Pfeffer

1. Zwiebeln schälen und fein schneiden. Lauch gründlich waschen und in Ringe schneiden. Knoblauch schälen und fein schneiden. Möhren und Fenchel waschen, putzen und klein würfeln. Fenchelgrün beiseitelegen.
2. Eine große Pfanne mit etwas Öl einfetten. Zwiebeln, Lauch und Knoblauch mit Fenchelsamen und Thymian darin dünsten, bis die Gewürze duften. Möhren und Fenchel dazugeben und einige Minuten andünsten.
3. Brühe dazugießen, salzen und pfeffern und das Gemüse 5–8 Minuten garen. Die Suppe mit gehacktem Fenchelgrün bestreut servieren.

Kalte Tomatensuppe mit Kräutern

Zubereitung: 20 Minuten
Für 2 Personen

500 g Tomaten
½ Zwiebel
½ Knoblauchzehe
1–2 Stängel Petersilie
½ Stängel Basilikum
½ Zweig Thymian
½ Zweig Bohnenkraut
Salz, Pfeffer

1. Tomaten waschen, vierteln und die Stielansätze und die Kerne entfernen. Die halbe Zwiebel schälen und nochmals durchschneiden. Knoblauch schälen. Kräuter waschen und trocken schütteln, Blätter von Petersilie und Basilikum abzupfen.
2. Die Tomaten mit Petersilie, Basilikum, Zwiebel und Knoblauch mit dem Pürierstab fein pürieren. Thymian und Bohnenkraut zwischen den Fingern zerkrümeln und unterrühren. Die Suppe mit Salz und Pfeffer abschmecken, in eine Schüssel füllen und bis zum Servieren zugedeckt kühl stellen.

Blumenkohlsuppe mit Safran

Zubereitung: 20 Minuten
Garzeit: 45 Minuten
Für 2 Personen

250 g Blumenkohl, Salz
375 ml entrahmte Milch (0,1 % Fett)
1 Knoblauchzehe
frisch geriebene Muskatnuss
gemahlener Safran
½ kleines Bund Kerbel, Pfeffer

1. Blumenkohl in Röschen zerteilen und 5 Minuten in kochendem Salzwasser blanchieren. In ein Sieb abgießen, kalt abschrecken und abtropfen lassen.
2. Milch zum Kochen bringen. Knoblauch schälen. Blumenkohl und Knoblauch in der Milch bei schwacher Hitze zugedeckt etwa 45 Minuten kochen.
3. Alles in den Mixer geben und zu einer sämigen Suppe mixen. Wieder in den Topf geben, je 1 Prise Muskat und Safran hinzufügen und die Suppe bei schwacher Hitze noch 5 Minuten köcheln lassen. Kerbel waschen und trocken schütteln, die Blätter abzupfen und fein hacken. Suppe in eine vorgewärmte Servierschüssel füllen, mit Salz und Pfeffer abschmecken, mit Kerbel garnieren und sofort servieren.

Zucchinicremesuppe mit Frischkäse

Zubereitung: 10 Minuten
Garzeit: 30 Minuten
Für 2 Personen

700 ml fettarme Hühnerbrühe
6–8 kleine Zucchini
60 g Frischkäse (0,2 % Fett)
Salz, Pfeffer

1. In einem Topf die Hühnerbrühe erhitzen. Die Zuccchini waschen, putzen und raspeln. Zucchiniraspel in die Brühe geben und zugedeckt bei mittlerer Hitze etwa 30 Minuten kochen lassen. Dabei regelmäßig umrühren.
2. Den Topf vom Herd nehmen und den Frischkäse unterrühren. Die Suppe mit Salz und Pfeffer abschmecken und mit dem Pürierstab im Topf oder im Mixer pürieren.

Mairübensuppe

Zubereitung: 15 Minuten
Garzeit: 45 Minuten
Für 2–3 Personen

500 g Mairüben
½ Zwiebel, grob gehackt
2 Knoblauchzehen, fein geschnitten
1 Msp. Currypulver
½ l fettarme Hühnerbrühe
35 g magerer Schinken (ohne Fettrand)
Salz, Pfeffer, Tabasco, ½ TL Zitronensaft
100 g Joghurt (0,1 % Fett)
2 EL frisch gehackte Petersilie
frisch geriebene Muskatnuss

1. Rüben schälen und klein schneiden. Zwiebel und Knoblauch in einem Schmortopf rundherum andünsten. Dann zugedeckt 5 Minuten schmoren. Rüben unterrühren und das Gemüse zugedeckt 10 Minuten garen. Currypulver untermischen, Brühe dazugießen und die Suppe etwa 30 Minuten köcheln lassen.

2. Inzwischen den Schinken in dünne Streifen schneiden und in einer Pfanne knusprig braten. Die Suppe fein pürieren, mit Salz, Pfeffer, Tabasco und Zitronensaft würzen. Erhitzen und 75 g Joghurt untermischen. Suppe mit Schinken, Petersilie und Muskat bestreuen, mit dem übrigen Joghurt servieren.

Möhren-Zucchini-Suppe mit Zitrone

Zubereitung: 20 Minuten
Für 2 Personen

1 l fettarme Hühnerbrühe
Safranfäden
2 Möhren
2 Zucchini
1 Bio-Zitrone
2 Eigelb (Größe S)

1. In einem Topf die Hühnerbrühe mit 1 Prise Safran zum Kochen bringen. Inzwischen die Möhren und die Zucchini waschen, putzen und getrennt raspeln. Die Möhren in die Brühe geben und etwa 5 Minuten garen. Dann die Zucchini dazugeben und etwa 3 Minuten mitgaren.

2. Die Zitrone heiß waschen und abtrocknen. Die Schale fein abreiben und den Saft auspressen. Die Eigelbe, den Zitronensaft und die Schale einrühren und die Suppe noch einmal bei mittlerer Hitze warm werden lassen. Sie darf jetzt nicht mehr kochen, sonst gerinnt das Eigelb.

PHASE 2

Paprika-Mousse

Zubereitung: 20 Minuten
Für 2 Personen

je ½ gelbe und rote Paprikaschote
1 EL flüssiger Süßstoff
Salz, Pfeffer
60 g magerer gekochter Schinken (ohne Fettrand)
2 Stängel Petersilie
100 g Magerquark

1. Die Paprikahälften mit dem Sparschäler schälen, der Länge nach in Streifen schneiden, dabei Trennwände und Kerne entfernen. Paprikastreifen in einen Topf mit kaltem Wasser geben, den Süßstoff hinzufügen und mit Salz und Pfeffer würzen. Aufkochen, 10 Minuten kochen lassen und abgießen.
2. 2 Paprikastreifen zum Garnieren abnehmen und in sehr feine Streifen schneiden. Den Rest mit dem Schinken pürieren. Das Püree bei schwacher Hitze etwa 5 Minuten dämpfen. In eine Schüssel füllen und abkühlen lassen. Petersilie waschen und trocken schütteln, die Blätter abzupfen und fein hacken.
3. Vor dem Servieren den Quark unterrühren. Die Mousse mit Paprikastreifen und Petersilie bestreuen.

Gemüsecocktail

Zubereitung: 15 Minuten
Für 2 Personen

300 g Möhren
100 g Knollensellerie
2 EL frisch gehackter Dill
5 g Salz

1. Die Möhren waschen, putzen und schälen. Den Sellerie schälen und beides klein schneiden.
2. In der Küchenmaschine mit 400 ml Wasser und den restlichen Zutaten glatt rühren, auf zwei Gläser verteilen und gut gekühlt servieren.

von links oben im Uhrzeigersinn: gelbe Paprika-Mousse, Selleriecocktail, rote Paprika-Mousse, Selleriecocktail, Möhrencocktail

Schupfnudeln mit Möhren à la Dukan

Zubereitung: 40 Minuten
Für 2 Personen (12–14 Stück)

300 g Möhren
4 EL Maisstärke
2 EL Haferkleie
Salz, Pfeffer
2 Tropfen Butterschmalz-Aroma
1 TL Currypulver
1 Ei (Größe S)
2 Tropfen Olivenöl

1. Die Möhren putzen und schälen, in einen Schnellkochtopf geben und etwa 10 Minuten weich dünsten. Mit dem Pürierstab zerkleinern und abkühlen lassen.
2. Das abgekühlte Möhrenpüree mit der Maisstärke, der Haferkleie, Salz, Pfeffer, dem Butterschmalz-Aroma und dem Currypulver verrühren. Das Ei verquirlen, die Hälfte abnehmen und wegwerfen und den Rest unterrühren.
3. Aus dem Teig Rollen formen, diese in 1 cm dicke Scheiben schneiden und daraus fingerdicke Schupfnudeln mit spitzen Enden formen. Oder mit 2 Esslöffeln schmale Nocken abstechen.
4. Reichlich Wasser in einem Topf aufkochen, die Schupfnudeln darin bei schwacher bis mittlerer Hitze 3–4 Minuten kochen, bis sie an die Oberfläche kommen. Schupfnudeln mit einem Schaumlöffel herausheben, abtropfen lassen und auf Küchenpapier legen.
5. Das Olivenöl mit einem Küchenpapier in einer beschichteten Pfanne verteilen. Die Pfanne erhitzen und die Schupfnudeln in 5–10 Minuten rundherum goldbraun braten. Auf zwei Teller verteilen und warm genießen!

Auberginen auf indische Art

Zubereitung: 30 Minuten
Für 2 Personen

1 kleine Tomate
Salz, Pfeffer
1 EL provenzalische Kräuter
je 1 Msp. Currypulver, Paprikapulver und gemahlener Koriander
200 g Auberginen
½ rote Paprikaschote

1. Die Tomate waschen, ohne den Stielansatz fein würfeln und in einer beschichteten Pfanne bei schwacher Hitze weich dünsten. Mit Salz und Pfeffer würzen und die Kräuter und Gewürze hinzufügen. Den Backofen auf 210 °C vorheizen.
2. Die Auberginen waschen, putzen und in dünne Scheiben schneiden. Die Paprikaschote putzen und in feine Streifen schneiden. Beides nacheinander in kochendem Wasser 2–3 Minuten blanchieren, abgießen und kalt abschrecken.
3. Die Auberginen in eine Auflaufform schichten, die Paprikastreifen darauf verteilen und mit den Tomaten überziehen. Im heißen Ofen 10 Minuten garen.

Auberginen-Tomaten-Gemüse

Zubereitung: 15 Minuten
Garzeit: 30 Minuten
Für 2 Personen

2 kleine Auberginen
2 Tomaten
2 Zwiebeln
2 Knoblauchzehen
4 Zweige Thymian
2 Stängel Basilikum
Salz, Pfeffer

1. Die Auberginen waschen, putzen und in Würfel schneiden. Die Tomaten waschen und ohne die Stielansätze klein hacken. Die Zwiebeln und den Knoblauch schälen, die Zwiebeln halbieren und in Streifen schneiden, den Knoblauch hacken. Die Kräuter waschen und trocken schütteln. Die Blätter abstreifen und fein hacken.
2. Die Zwiebel in etwas Wasser glasig dünsten. Die Auberginenwürfel dazugeben und bei starker Hitze anbräunen. Tomate, Knoblauch, Thymian und Basilikum hinzufügen und alles mit Salz und Pfeffer würzen. Das Gemüse bei schwacher Hitze zugedeckt 30 Minuten köcheln lassen.

Bauernsalat

Zubereitung: 15 Minuten
Für 2 Personen

4 Tomaten
2 kleine Salatgurken
2 Zwiebeln
2 milde Peperoni
einige Minzeblätter
3 Stängel Petersilie
Saft von ½ Zitrone
4 EL Diätöl
Salz, Pfeffer

1. Tomaten und Gurken waschen. Tomaten ohne Stielansätze in kleine Würfel schneiden, Gurken putzen und ebenfalls in Würfel schneiden. Beides in eine Salatschüssel füllen.

2. Zwiebeln schälen und in dünne Ringe schneiden, Peperoni halbieren, entkernen, waschen und fein hacken. Minzeblättchen abreiben und fein schneiden. Petersilie waschen und trocken schütteln, die Blätter abzupfen und fein schneiden. Alles in die Salatschüssel geben. Aus Zitronensaft, Öl, Salz und Pfeffer ein Dressing anrühren und über den Salat geben. Untermischen und gleich servieren.

Champignons auf griechische Art

Zubereitung: 20 Minuten
Für 2 Personen

5 TL Zitronensaft
2 Lorbeerblätter
1 TL Korianderkörner
1 TL Pfefferkörner
Salz
2 Stängel Petersilie
700 g Champignons

1. In einem Topf ½ l Wasser mit Zitronensaft, Lorbeerblättern, Koriander, Pfeffer und Salz aufkochen und zugedeckt 10 Minuten köcheln lassen. Die Petersilie waschen und trocken schütteln, die Blätter abzupfen und fein hacken.

2. Inzwischen die Pilze putzen, trocken abreiben und klein schneiden. In das gewürzte Zitronenwasser geben, aufkochen und 2 Minuten kochen lassen. Die Herdplatte ausschalten, die Petersilie hinzufügen und die Pilze in der Flüssigkeit abkühlen lassen.

3. Die Champignons mit einem Schaumlöffel aus dem Topf heben, in einer Schüssel anrichten und mit etwas Kochflüssigkeit beträufeln. Sofort servieren.

Tsatsiki

Zubereitung: 10 Minuten
Kühlzeit: 1–2 Stunden
Für 2 Personen

1 Salatgurke
Salz
2 Knoblauchzehen
600 g Joghurt (0,1 % Fett)

1. Die Gurke schälen, der Länge nach halbieren und die Kerne herauskratzen. Das Fruchtfleisch sehr fein schneiden oder raspeln, mit 1 kräftigen Prise Salz bestreuen und einige Minuten in einem Sieb Wasser ziehen lassen.
2. Den Knoblauch schälen und sehr fein schneiden. Die Gurke in eine Schüssel geben und mit Knoblauch und Joghurt verrühren. Das Tsatsiki vor dem Servieren einige Stunden zugedeckt im Kühlschrank durchziehen lassen.

TIPP
Das Tsatsiki schmeckt zu allen Fleischgerichten. Natürlich können Sie es nach Belieben auch noch mit frischen Kräutern bestreuen, beispielsweise mit Petersilie oder Schnittlauch.

Auberginencreme

Zubereitung: 30 Minuten
Für 4 Personen

3 kleine feste Auberginen
1 Knoblauchzehe
2–3 EL Zitronensaft
½ EL Essig
Salz, Pfeffer
etwas Diätöl

1. Den Backofen auf 220 °C vorheizen. Die Auberginen waschen, putzen, auf den Rost legen und 15 Minuten unter gelegentlichem Wenden rösten, bis die Schale Risse bekommt und dunkel wird. Inzwischen den Knoblauch schälen, halbieren und durch die Knoblauchpresse drücken.
2. Die Auberginen aus dem Ofen nehmen und 5 Minuten abkühlen lassen. Dann die Schale abziehen. Das Fruchtfleisch im Mixer pürieren, mit Knoblauch, Zitronensaft und Essig verrühren und mit Salz und Pfeffer würzen. Etwas Öl unterschlagen, bis die Creme die Konsistenz einer Mayonnaise hat. Gut gekühlt servieren.

Gefüllte Champignonbällchen

Zubereitung: 35 Minuten
Für 2 Personen (8 Bällchen)

16 große Champignons
1 Stück Zucchini (etwa 35 g)
Salz
½ Schalotte
½ kleine Knoblauchzehe
50 g magerer gekochter Schinken (ohne Fettrand)
½ rote Chilischote
etwas Öl
½ Msp. Paniermehl
1 Eigelb
1 EL fein geschnittene Kräuter (z. B. Petersilie, Basilikum, Kerbel, Schnittlauch)
2 klein geschnittene Minzeblätter
Pfeffer
8 stabile Schnittlauchhalme

Außerdem

1 ofenfenste Form

1. Den Backofen auf 210 °C vorheizen. Die Champignons putzen und trocken abreiben. Die Stiele herausdrehen. Die Hüte mit der gewölbten Seite nach oben in eine ofenfeste Form setzen und 5 Minuten in den Backofen schieben. Die Champignonstiele hacken.
2. Die Zucchini waschen, putzen und fein würfeln. In kochendem Salzwasser 2 Minuten blanchieren, abgießen und kalt abschrecken.
3. Schalotte und Knoblauch schälen und fein schneiden. Den Schinken in feine Streifen schneiden. Die Chilischote entkernen, waschen und in feine Streifen schneiden. Eine beschichtete Pfanne mit etwas Öl einfetten, 1 TL Wasser dazugeben und Schalotten und Knoblauch darin goldbraun anbraten. Zucchini, Schinken, Chilischote und die Champignonstiele dazugeben und alles braten, bis die Flüssigkeit vollständig verkocht ist.
4. Die Pfanne vom Herd nehmen. Paniermehl, Eigelb und Kräuter untermischen und mit Salz und Pfeffer würzen. Die Hälfte der Champignons mit der Mischung füllen, die restlichen Hüte aufsetzen und jedes Bällchen mit 1 Schnittlauchhalm zusammenbinden. Die Bällchen im heißen Ofen 10 Minuten backen und servieren.

Zucchinitopf

Zubereitung: 15 Minuten
Garzeit: 35 Minuten
Für 2 Personen

etwas Öl
2 Knoblauchzehen
je 1 TL gemahlener Kreuzkümmel, gemahlener Koriander und Ras-el-Hanout (ersatzweise Garam Masala)
½ l fettarme Hühnerbrühe
4 kleine Zucchini
2 EL Tomatenmark
1 Zitrone, 1 Bund Koriandergrün

1. Ein Stück Küchenpapier mit Öl tränken und den Boden eines Kochtopfs damit ausreiben. Knoblauch schälen und durch die Presse drücken. Mit den Gewürzen in den Topf geben und bei schwacher Hitze 3–5 Minuten anbraten. Die Hühnerbrühe dazugießen.

2. Zucchini waschen, putzen und in Scheiben schneiden. Tomatenmark und Zucchini in den Topf geben und alles zugedeckt bei mittlerer Hitze etwa 35 Minuten kochen.

3. Die Zitrone auspressen. Koriandergrün waschen und trocken schütteln, die Blätter abzupfen und fein hacken. Die Zucchini mit Zitronensaft beträufeln und mit Koriandergrün garnieren.

Gurken-Mousse

Zubereitung: 25 Minuten
Abtropfzeit: 1 Stunde
Kühlzeit: 12 Stunden
Für 2 Personen

4 Blätter Gelatine
2 Salatgurken
Salz
100 ml entrahmte Milch (0,1 % Fett)
1 Zwiebel
400 g Magerquark
Saft und abgeriebene Schale von 1 Bio-Zitrone
je 2 EL gehackte Petersilie und Estragon
Pfeffer

1. Die Gelatine in kaltem Wasser einweichen. Gurken schälen und in Scheiben schneiden. In ein Sieb geben, mit Salz bestreuen und 1 Stunde abtropfen lassen. Kalt abspülen und trocken tupfen.

2. Die Milch etwas erwärmen und die ausgedrückte Gelatine darin auflösen. Zwiebel schälen und klein hacken.

3. Gurkenscheiben im Mixer pürieren, mit Quark, Milch, Zitronensaft und -schale, Zwiebel und Kräutern verrühren und mit Salz und Pfeffer abschmecken. Mousse in eine Kastenform füllen und etwa 12 Stunden kalt stellen.

oben: Zucchinitopf • unten: Gurken-Mousse

Weißkohl mit Ingwer

Zubereitung: 30 Minuten
Für 2 Personen

450 g Weißkohl
1 Knoblauchzehe
1 Stück Ingwer
2 EL Sojasauce
1 EL Teriyaki-Sauce (Asienladen)
Pfeffer
1 Zwiebel
Salz
einige kleine Zweige Thymian

1. Den Weißkohl waschen, putzen und in Streifen schneiden. Den Knoblauch schälen und fein hacken. Den Ingwer schälen und reiben. Die Sojasauce mit Teriyaki, Knoblauch, Ingwer und Pfeffer verrühren und 5 Minuten ziehen lassen.
2. Die Zwiebel schälen und in Streifen schneiden. Eine beschichtete Pfanne sehr stark erhitzen. Den Kohl mit der Zwiebel, etwas Salz und dem Thymian darin bei starker Hitze 3–4 Minuten braten, er soll noch Biss haben.
3. Die Sauce hinzufügen und den Kohl offen kochen lassen, bis die Flüssigkeit fast vollständig verkocht ist.

Sellerierösti mit Schinken

Zubereitung: 15 Minuten
Für 2 Personen

250 g Knollensellerie
1 Knoblauchzehe
100 g magerer gekochter Schinken
1 Ei
1 EL Maisstärke
2 TL frisch gehackte Petersilie
frisch geriebene Muskatnuss
Salz, Pfeffer
3 EL Frischkäse (0,2 % Fett)
3 Tropfen Zitronensaft

1. Sellerie waschen, schälen und auf der Gemüsereibe grob reiben. Knoblauch schälen und fein hacken. Schinken klein würfeln und zur Seite stellen.
2. Die Sellerieraspel mit dem verquirlten Ei und der Maisstärke mischen. Mit 1 TL Petersilie, Muskat, Salz und Pfeffer würzen. Eine beschichte Pfanne ohne Fett erhitzen. Die Mischung esslöffelweise in die Pfanne setzen und auf jeder Seite etwa 4 Minuten goldbraun braten.
3. Frischkäse mit Zitronensaft, Salz und Pfeffer verrühren. Die Sellerierösti mit dem Dip servieren. Die Schinkenwürfel darüberstreuen.

PHASE
2

Spargel mit Sauce hollandaise

Zubereitung: 25 Minuten
Für 2 Personen

600 g grüner Spargel
1 l Gemüsebrühe (0 % Fett)
20 g Maisstärke
300 ml entrahmte Milch (0,1 % Fett)
2 Eier
Salz, Pfeffer
Saft von 2 Zitronen

1. Den Spargel waschen, putzen und im unteren Drittel schälen. Die Gemüsebrühe in einem weiten Topf zum Kochen bringen. Den Spargel in der Gemüsebrühe bei mittlerer Hitze in 8–10 Minuten weich garen und abgießen.
2. Die Sauce erst ganz kurz vor dem Servieren zubereiten. Dafür die Maisstärke mit der kalten Milch verrühren und bei schwacher Hitze in einem Topf unter Rühren erwärmen, bis die Mischung eindickt. Die Eier trennen, die Eigelbe einrühren, die Sauce noch 2 Minuten erwärmen und mit Salz und Pfeffer würzen. Anschließend den Zitronensaft einrühren.
3. Die Eiweiße sehr steif schlagen und untermittelbar vor dem Servieren vorsichtig unter die Sauce ziehen. Den Spargel auf Teller verteilen und mit der Sauce servieren.

PHASE 2

Aufbauphase

Desserts

Einige neue Rezeptvorschläge ergänzen die große Auswahl an Desserts für Phase 1. Möhrenknödel à la Dukan oder Schneeballen mit Fruchtkompott können Sie ab sofort jederzeit genießen – egal zu welcher Jahreszeit.

Schneeballen mit Fruchtkompott

Zubereitung: 30 Minuten
Für 2–3 Personen

¼ l entrahmte Milch (0,1 % Fett)
2 Eier
1 EL flüssiger Süßstoff

1. Die Milch in einem Topf zum Kochen bringen. Die Eier trennen. Die Eigelbe in eine Schüssel geben und kräftig mit dem Süßstoff verrühren. Nach und nach die kochende Milch einrühren.
2. Die Mischung wieder in den Topf zurückgießen und unter ständigem Rühren mit einem Holzlöffel so lange langsam erhitzen, bis sie eindickt – aber keinesfalls zum Kochen bringen, sonst flockt sie aus. Die Creme anschließend auf 2–3 Schälchen verteilen und abkühlen lassen.
3. Die Eiweiße sehr steif schlagen. Mit einem Esslöffel Nocken vom Eischnee abstechen und diese in einen Topf mit kochendem Wasser gleiten lassen. Die Schneeballen aufgehen lassen (das geht sehr schnell), mit einem Schaumlöffel herausheben und auf einem sauberen Geschirrtuch abtropfen lassen. Die Schneeballen auf der vollständig erkalteten Creme anrichten und servieren.

TIPP
Dieses wunderbar schaumige Dessert schmeckt besonders gut mit einem Fruchtkompott. Da in Phase 2 lediglich Rhabarber erlaubt ist, empfehlen wir das feine Kompott von Seite 236 zu den Schneeballen. Ab Phase 3 können Sie natürlich auch Kompott aus anderen Früchten zubereiten (außer Kirschen, Bananen und Trauben) oder eine gekaufte Fruchtsauce dazu servieren.

Haselnuss-Zimt-Quarkschmarren mit Rhabarberkompott

Zubereitung: 20 Minuten
Für 2 Personen

200 g Rhabarber
ca. 1 EL flüssiger Süßstoff
½ TL Zimtpulver
2 Eier
1 EL Maisstärke
200 g Magerquark
1 EL Haferkleie
3 Tropfen Haselnuss-Aroma
1 Tropfen Sonnenblumenöl

1. Für das Rhabarberkompott den Rhabarber schälen, in etwa 2 cm große Stücke schneiden und mit 100 ml Wasser und ½ TL Süßstoff in einen Topf geben. Aufkochen und bei mittlerer Hitze 5–7 Minuten kochen lassen. Mit dem Zimt abschmecken und abkühlen lassen.
2. Die Eier trennen und die Eiweiße steif schlagen. Die Maisstärke durch ein kleines Sieb auf die Eigelbe sieben. Den Quark und die Haferkleie dazugeben und alle Zutaten gut verrühren. Nach Geschmack mit etwas Süßstoff und dem Haselnuss-Aroma verfeinern.
3. Das Sonnenblumenöl mit Küchenpapier in einer beschichteten Pfanne verteilen. Den Quarkteig hineingeben und bei mittlerer Hitze 5 Minuten braten, bis die Unterseite braun und fest ist. Wenden. Dann mit zwei Gabeln zerreißen, auf zwei Teller verteilen und mit dem Rhabarberkompott genießen.

Vanillepudding

Zubereitung: 15 Minuten
Garzeit: 30 Minuten
Für 2 Personen

1 Vanilleschote
½ l entrahmte Milch (0,1 % Fett)
1 EL flüssiger Süßstoff
4 Eier

Außerdem
1 ofenfeste Form

1. Den Backofen auf 220 °C vorheizen. Die Vanilleschote der Länge nach aufschneiden und das Mark herauskratzen. Die Milch mit der Vanilleschote, dem Vanillemark und dem Süßstoff in einem Topf zum Kochen bringen. Vom Herd nehmen und 5 Minuten nachziehen lassen.
2. Die Eier in einer Schüssel verschlagen. Die Vanilleschote aus der Milch nehmen und die heiße Milch nach und nach mit den Eiern verrühren.
3. Die Mischung in eine ofenfeste Form füllen. Sehr heißes Wasser in eine größere ofenfeste Form oder das tiefe Backblech gießen und die Form mit der Creme hineinstellen. Die Form sollte etwa halbhoch, höchstens bis zu zwei Dritteln im Wasserbad stehen, damit kein Wasser in den Pudding gelangt.
4. Den Pudding im Wasserbad im heißen Ofen etwa 30 Minuten garen. Herausnehmen und abkühlen lassen. Den Vanillepudding stürzen und in Stücke teilen, kalt servieren.

Möhrenknödel à la Dukan

Zubereitung: 20 Minuten
Für 2 Personen

250 g zarte Möhren
1 Ei (Größe S)
3 EL Haferkleie
2 EL Maisstärke
1 Tropfen Butterschmalz-Aroma
1 Tropfen Haselnuss-Aroma
1 TL Zimtpulver
1 EL flüssiger Süßstoff

1. Die Möhren waschen, putzen, schälen und auf der feinen Seite der Gemüsereibe sehr fein reiben, in eine große Schüssel geben.
2. Das Ei in einer kleinen Schüssel verquirlen und mit der Haferkleie, der Maisstärke, dem Butterschmalz- und dem Haselnuss-Aroma, dem Zimt und dem Süßstoff verrühren. Alles unter die geriebenen Möhren rühren. Den Teig in einen kleinen Bratschlauch füllen. Dabei den Schlauch jeweils nach etwa 3 cm entweder mit Küchengarn abbinden oder einmal um sich selbst drehen, sodass eine Trennung entsteht.
3. Wenn der gesamte Teil eingefüllt ist, die Möhrenknödel im heißen Backofen oder in der Mikrowelle nach Packungsanweisung etwa 10 Minuten garen. Kurz abkühlen lassen, dann den Schlauch vorsichtig aufschneiden und die Möhrenknödel herausnehmen. Mit dem Dukan-Vanillepudding (siehe Seite 236) servieren.

Saucen

Was wären Fisch, Fleisch und Gemüsepfanne ohne eine feine Sauce? Eine Übersicht über eine Vielzahl an tollen Rezepten erhalten Sie ganz am Schluss – diese dürfen Sie je nach Kennzeichnung in Phase 1 oder erst ab Phase 2 genießen.

Currysauce

PHASE 1

Zubereitung: 15 Minuten
Für 4 Portionen

1 Ei
½ Zwiebel
1 TL Currypulver
125 g Joghurt (0% Fett)

1. Das Ei in 6 Minuten kochen, abschrecken und pellen. Das Eigelb zerdrücken. Eiweiß anderweitig verwenden.
2. Die halbe Zwiebel schälen und fein hacken, mit Eigelb und Curry vermischen und nach und nach mit dem Joghurt verrühren.

Paprikasauce

PHASE 2

Zubereitung: 15 Minuten
Ruhezeit: 1 Stunde
Für 2 Portionen

1 rote Paprikaschote
½ Zwiebel, 1 Knoblauchzehe
1 kleine Chilischote
Saft von 1 Zitrone
Salz
einige Tropfen Tabasco

1. Die Paprikaschote halbieren, Trennwände und Kerne entfernen, die Hälften waschen und grob zerkleinern. Zwiebel und Knoblauch schälen und grob hacken. Die Chilischote halbieren, entkernen, waschen und klein schneiden.
2. Alle vorbereiteten Zutaten und den Zitronensaft mit dem Pürierstab pürieren. Die Sauce mit Salz und Tabasco abschmecken. Vor dem Servieren zugedeckt mindestens 1 Stunde ziehen lassen.

links: Currysauce • rechts: Paprikasauce

Schalottensauce

PHASE 1

Zubereitung: 20 Minuten
Für 10 Portionen

12 Schalotten
120 ml Essig
13 EL entrahmte Milch (0,1 % Fett)
1 Eigelb
Salz, Pfeffer

1. Die Schalotten schälen und hacken. Mit dem Essig in einen Topf geben und in etwa 10 Minuten weich kochen.
2. Den Topf vom Herd nehmen, die Milch und das verquirlte Eigelb einrühren und die Sauce mit Salz und Pfeffer abschmecken. Sofort servieren.

Zwiebelsauce

PHASE 1

Zubereitung: 15 Minuten
Für 10 Portionen

1 große Zwiebel
⅛ l Gemüsebrühe (0 % Fett)
1 Eigelb
30 g Frischkäse (0,2 % Fett)
1 EL Essig
1 TL Senf
Salz, Pfeffer

1. Die Zwiebel schälen und fein hacken. Mit der Brühe in einen Topf geben und bei mittlerer Hitze 2 Minuten dünsten. Abkühlen lassen.
2. Das Eigelb mit dem Frischkäse, Essig, Senf, Salz und Pfeffer vermischen und unter die abgekühlte Zwiebelbrühe rühren. Die Sauce gut gekühlt servieren.

Quarkdip

PHASE 2

Zubereitung: 10 Minuten
Für 2 Portionen

100 g Magerquark
Saft von ½ Zitrone
Salz, Pfeffer
2 kleine Zwiebeln
½ Fenchelknolle
1 TL frisch gehacktes Basilikum (ersatzweise Petersilie)

1. Den Quark mit dem Zitronensaft verrühren und mit Salz und Pfeffer würzen. Die Zwiebeln schälen und fein hacken. Den Fenchel waschen, putzen und sehr fein schneiden. Beides mit dem Basilikum unter den Quark mischen.
2. Den Dip bis zum Servieren in den Kühlschrank stellen.

Kräutersauce

PHASE 1

Zubereitung: 15 Minuten
Für 2 Portionen

3 Stängel Petersilie
½ Stängel Estragon
4 Stängel Schnittlauch
2 Knoblauchzehen
2 Schalotten
2 TL Maisstärke
2 EL Magerquark
Salz, Pfeffer

1. Die Kräuter waschen, trocken schütteln und die Blätter abzupfen. Knoblauch und Schalotten schälen und fein hacken.
2. Die Maisstärke mit 100 ml Wasser anrühren und mit Knoblauch, Schalotten und Quark verrühren.
3. Die Sauce bei schwacher Hitze 2 Minuten erwärmen. Unmittelbar vor dem Servieren die Kräuter hinzufügen und die Sauce mit Salz und Pfeffer abschmecken.

Spinatsauce

PHASE 2

Zubereitung: 15 Minuten
Für 4 Portionen

100 g junger Spinat
Salz
2 EL Joghurt (0,1 % Fett)
200 ml fettarme Hühnerbrühe
frisch geriebene Muskatnuss

1. Den Spinat waschen, in kochendem Salzwasser blanchieren, kalt abschrecken, abtropfen lassen und im Mixer pürieren.
2. Mit dem Joghurt verrühren, die Brühe dazugießen und die Sauce bei starker Hitze 1 Minute heiß werden lassen. Zum Schluss 1 Prise Muskatnuss unterrühren.

Zitronensauce

PHASE 1

Zubereitung: 10 Minuten
Für 4 Portionen

Saft von ½ Zitrone
125 g Joghurt (0,1 % Fett)
1 Bund Schnittlauch
Salz, Pfeffer

Den Zitronensaft mit dem Joghurt verrühren. Den Schnittlauch waschen, trocken schütteln und in feine Röllchen schneiden. Unter den Joghurt mischen und die Sauce mit Salz und Pfeffer abschmecken.

Safransauce

PHASE 1

Zubereitung: 5 Minuten
Für 2 Portionen

1 TL Maisstärke
1 Schöpflöffel warme Fischbrühe
1 Msp. Safran
Salz, Pfeffer

Die Maisstärke mit der Brühe glatt rühren, den Safran hinzufügen und die Sauce mit Salz und Pfeffer abschmecken.

Kapernsauce

PHASE 2

Zubereitung: 20 Minuten
Für 5 Portionen

2 EL Tomatenmark
4 EL entrahmte Milch (0,1 % Fett)
7 kleine Cornichons
12 Kapern
Salz, Pfeffer

1. Tomatenmark und Milch in einem Topf verrühren. Die Cornichons klein hacken. 100 ml Wasser und die Cornichons in die Tomatenmilch geben und 15 Minuten kochen.
2. Die Kapern hinzufügen, die Sauce mit Salz und Pfeffer abschmecken und sofort servieren.

Chinesische Sauce

PHASE 1

Zubereitung: 15 Minuten
Für 2 Portionen

1 Zwiebel
1 TL Branntweinessig
1 TL Senf
1 Msp. frisch geriebener Ingwer
Saft von 1 Zitrone
Salz, Pfeffer

Die Zwiebel schälen, fein hacken und mit Essig, Senf und Ingwer mischen. Mit dem Zitronensaft verrühren und mit Salz und Pfeffer abschmecken.

Remouladensauce

PHASE 1

Zubereitung: 10 Minuten
Für 8 Portionen

1 TL Senf
1 EL Cidre-Essig
Salz, Pfeffer
2 EL Diätöl mit Estragon
250 g Magerquark
2 hart gekochte Eier
1 Schalotte
3 Cornichons
einige Zweige Estragon

1. In einer kleinen Schüssel den Senf mit Essig, Salz und Pfeffer verrühren. Nach und nach das Öl unterschlagen.
2. Den Quark portionsweise unterrühren. Die Eier pellen und klein hacken. Die Schalotte schälen und klein hacken. Die Cornichons ebenfalls hacken. Estragon waschen, trocken schütteln und die Blätter abzupfen.
3. Eier, Schalotte, Cornichons und Estragonblätter untermischen und die Sauce noch einmal abschmecken.

Béchamelsauce

PHASE 1

Zubereitung: 10 Minuten
Für 4 Portionen

½ l entrahmte Milch (0,1 % Fett)
40 g Maisstärke
frisch geriebene Muskatnuss
Salz, Pfeffer

Die Milch in eine Stielkasserolle gießen und die Maisstärke nach und nach mit dem Schneebesen einrühren. Die Sauce unter Rühren aufkochen und mit 1 Prise Muskat, Salz und Pfeffer abschmecken.

TIPP
Diese Béchamelsauce brauchen Sie beispielsweise für das Geflügellebersoufflé auf Seite 35.

Holländische Sauce

PHASE 1

Zubereitung: 15 Minuten
Für 2 Portionen

1 Ei
1 TL Senf
1 EL entrahmte Milch (0,1 % Fett)
1 TL Zitronensaft
Pfeffer, Salz

1. Das Ei trennen. Das Eigelb mit Senf und Milch in eine hitzefeste Schüssel geben. Auf einen Topf mit siedendem Wasser setzen und die Zutaten mit dem Schneebesen auf dem Wasserbad cremig aufschlagen.
2. Die Schüssel vom Topf nehmen, Zitronensaft und Pfeffer unterschlagen. Das Eiweiß steif schlagen und vorsichtig unterziehen. Die Sauce salzen.

Weiße Sauce

PHASE 1

Zubereitung: 15 Minuten
Für 3 Portionen

¼ l fettarme Hühnerbrühe
2 EL entrahmte Milch (0,1 % Fett)
1 EL Maisstärke
Salz, Pfeffer
frisch geriebene Muskatnuss

1. Die kalte Brühe mit der kalten Milch verrühren. Nach und nach die Maisstärke einrühren.
2. Die Sauce unter Rühren bei schwacher Hitze eindicken lassen, vom Herd nehmen und mit Salz, Pfeffer und 1 Prise Muskat abschmecken.

PHASE 1

Limettensauce mit Schnittlauch

Zubereitung: 10 Minuten
Für 4 Portionen

⅛ l entrahmte Milch (0,1 % Fett)
90 g Crème fraîche (5 % Fett)
Salz
4 TL Maisstärke
1 Bund Schnittlauch
Saft von 1 Limette
Salz
1 EL Pfefferkörner (aus dem Glas)

1. In einer Stielkasserolle die Milch unter Rühren mit der Crème fraîche erhitzen. Salzen, die Maisstärke einrühren und das Ganze zum Kochen bringen.
2. Den Schnittlauch waschen, trocken schütteln und in feine Röllchen schneiden, mit Limettensaft, Salz und Pfefferkörnern mischen und unter die Milchmischung rühren.

Kalte Tomatensauce mit Schalotten

PHASE 2

Zubereitung: 10 Minuten
Für 6 Portionen

4 Tomaten
5 Schalotten
100 g Magerquark
Saft von 1 Zitrone
Salz, Pfeffer

1. Die Tomaten 30 Sekunden in kochendes Wasser legen, häuten und die Stielansätze herausschneiden. Die Schalotten schälen und hacken.
2. Tomaten und Schalotten mit Quark und Zitronensaft in den Mixer geben und pürieren. Die Sauce mit Salz und Pfeffer abschmecken und gut gekühlt servieren.

Senfsauce

PHASE 1

Zubereitung: 15 Minuten
Für 8 Portionen

2 TL Maisstärke
1 hart gekochtes Eigelb
2 TL Essig
2 TL Senf
fein gehackte Kräuter nach Belieben
Salz, Pfeffer

1. Die Maisstärke mit 200 ml Wasser aufkochen und abkühlen lassen.
2. Das Eigelb zerkleinern, mit dem Essig und dem Senf vermischen und unter die abgekühlte Sauce rühren. Die Kräuter untermischen und die Sauce mit Salz und Pfeffer abschmecken. Ist die Sauce zu dickflüssig, noch etwas Essig hinzufügen.

Lyoner Sauce

PHASE 1

Zubereitung: 10 Minuten
Für 5 Portionen

1 Knoblauchzehe
1 Schalotte
120 g Magerquark
1 EL Weinessig
Salz, Pfeffer

1. Knoblauch und Schalotte schälen und fein hacken.
2. Den Quark kräftig mit Essig, Salz und Pfeffer verrühren. Knoblauch und Schalotte hinzufügen und das Ganze mit dem Schneebesen zu einer glatten Sauce verrühren.

Sachwortregister

A/B

Angriffsphase 9, 12f, 16f, 20, 25
Aufbauphase 9, 12, 25
Ausgewogene Ernährung 7
Blutdruck: Niedriger B. und Dukan-Diät 21

C/D

Cellulite 19
Diät(en) 11
Hollywood-D. 11
Kalorienreduzierte D. 11
Vier-Phasen-D. 11
Diätphasen 9

E

Eiweiß 13f
Nahrungsmittel, die tierisches E. enthalten 6
tierisches E. 6
siehe auch *Protein(e)*
Erhaltungsphase 9, 12, 25
Ernährung, ausgewogene 7

F

Fett(e) 14
Spezifisch-dynamische Wirkung (SDW) von F. 15
Frauen 16ff, 21f

H

Hauptnährstoffe
Mischungsverhältnis der H. 14
siehe auch *Nährstoff*
Hungergefühl 23

K

Kalorien
K.-Reduktion 11
K.-Zählen 5, 23
Umwandlung von Proteinen verbraucht viele K. 15
Kalorienverwertung
Herabsetzen der K. 14
Reine Proteine drosseln die K. 14
Kohlenhydrate 13ff
Spezifisch-dynamische Wirkung (SDW) von K. 15

L

Lebensmittel
100 erlaubte L. 9f
L. tierischen Ursprungs mit hohem Proteingehalt 13
siehe auch *Nahrungsmittel*

M/N

Menopause 16f, 21
Nährstoff
Beschränkung auf einen N. 14
siehe auch *Hauptnährstoffe*
Nahrungsmittel
N., die fast ausschließlich aus Proteinen bestehen 13
N.-Gruppen 6f
siehe auch *Lebensmittel*

P

Periode 16, 21
Phasen der Dukan-Diät 9, 12, 23
Angriffsphase 9, 12f, 16f, 20, 25
Aufbauphase 9, 12, 25
Erhaltungsphase 9, 12, 25
Stabilisierungsphase 9, 12, 25
Protein(e) 11ff
Lebensmittel mit hohem P.-Gehalt 13
P.-Diät 9, 22
drosseln die Kalorienverwertung 14
Reine P. erhöhen die Widerstandskraft des Organismus 17
Reine P. sind Appetitzügler 15f
Reine P. wirken Wassereinlagerungen entgegen 16f
Spezifisch-dynamische Wirkung (SDW) von P. 15
Umwandlung von P. verbraucht viele Kalorien 15
Psyche: P. des Übergewichtigen und Dukan-Diät 5, 7, 23
Pubertät 16

S

Salz 21f
S.-arme Ernährung zügelt den Appetit 22
Sättigung(sgefühl) 15f, 21
Schwangerschaft 21
Spezifisch-dynamische Wirkung (SDW) 15
Stabilisierung der Diät 12
Stabilisierungsphase 9, 12, 25

T

Trinken 17ff
zu den Mahlzeiten 19f
siehe auch *Wasser*

U

Umwandlung von Proteinen 15
Ursache von Gewichtsproblemen 8

V/W

Vier-Phasen-Diät 11
Wasser 17ff
W. als Sattmacher/Appetitzügler 21
W.-Konsum und niedriger Blutdruck 21
Wasseransammlungen im Gewebe 21
Wasserausscheidung: Förderung der W. durch eiweißreiche Ernährung 16
Wassereinlagerungen 16
Widerstandskraft des Organismus 17

Z

Zucker 7, 14
Haushalts-Z. 15

Rezeptregister

A
Amuse-Gueules à la Dukan 190
Auberginen
Auberginen auf indische Art 222
Auberginencreme 225
Auberginen-Tomaten-Gemüse 222
Kretischer Auberginenauflauf 166

B
Baisers: Kleine Baisers 124
Bauernsalat 224
Bavaroise: Quark-Bavaroise mit Vanille 118
Béchamelsauce 246
Beefsteak mexikanisch 152
Biskuitkuchen 102
Blumenkohl
Blumenkohlsuppe mit Safran 215
Hackfleisch-Blumenkohl-Auflauf 154
Bœuf à la ficelle 148
Bœuf bourguignon 160
Brot: Dukan-Brot 84

C
Cevapcici à la Dukan 43
Champignons
Champignons auf griechische Art 224
Gefüllte Champignonbällchen 226
Gefüllte Champignons 154
Hähnchen mit Champignons 138
Hühnerfrikassee mit Champignons und Spargel 140
Chicorée
Chicorée à la royale 182
Gratinierter Chicorée 182
Chinesische Sauce 245
Chinesisches Fondue 196
Cookies: Vanille-Cookies 106
Currysauce 241
Currywurst à la Dukan mit Kürbisfritten 174

D
Dukan-Brot 84
Dukan-Haferkleie-Flakes 106
Dukan-Haferkleiepfannkuchen 84
Dukan-Mayonnaise 68
Dukan-Waffeln: Himmlische Dukan-Waffeln 107

E
Eier
Eier im Töpfchen mit Räucherlachs 57
Eier nach Lothringer Art 179
Kaiserschmarren à la Dukan 89
Quiche ohne Boden 59
Rührei 58
Rührei mit Räucherlachs 58
siehe auch *Omelett*
Elsässer Flammkuchen: Cathys Elsässer Flammkuchen à la Dukan 82
Erdbeer-Zitronen-Kuchen 122

F
Fisch
Amuse-Gueules à la Dukan 190
Chinesisches Fondue 196
Fischragout 202
Friséesalat mit Räucherlachs 194
Gefüllter ganzer Fisch 66
Gefüllter Seehecht 198
Goldbrasse mit Zwiebeln 70
Kabeljaufilet mit Topinambur-Kruste 198
Kabeljau mit Schalotten 64
Kabeljau mit Senfsauce 64
Knusprige Fisch-Nuggets 71
Lachsgelee 200
Lachs mit Gemüse 206
Lachsrouladen mit Salatherzen 194
Lachssalat mit Fenchel 190
Lachs-Seeteufel-Terrine mit Limette 74
Matjes mit Fenchel 206
Rochenflügel mit Kräutern 78
Rollmops-Häppchen à la Dukan 72
Seelachsfilet auf indische Art 63
Seelachs mit Kapern 78
Seezunge mit Sauerampfer 65
Spinatsalat mit Räucherfisch 188
Thailändische Fischplätzchen 76
Thunfisch-Quiche mit Tomaten 190
Thunfischsuppe 70
Tomaten mit Thunfischfüllung 191
Wolfsbarsch auf indische Art 203
Flädlesuppe: Schwäbische Rindfleisch-Flädle-Suppe à la Dukan 150
Flakes: Dukan-Haferkleie-Flakes 106
Flammkuchen: Cathys Elsässer Flammkuchen à la Dukan 82
Flans
Feine Flans 107
Gemüseflan mit frischen Kräutern 179
Fleischbällchen mit Kräutern 50
Fondue: Chinesisches Fondue 196
Frikadellen: Kalbsfrikadellen mit geschmortem Rotkohl 156
Friséesalat mit Räucherlachs 194

G
Galette
Pikante Galette in vier Varianten 81
Pikante Quark-Galette 84
Süße Galette 90
Garnelen
Blattsalate mit Garnelen 188
Garnelen-Quark-Kuchen 65

Garnelentatar mit Dill-Mayonnaise 68
Gebratene Garnelen und Konjak-Nudeln mit Pesto à la Dukan 192
Kalte Gurkensuppe mit Garnelen 187
Geflügel
Geflügelebersoufflé 35
Geflügelterrine mit rosa Pfefferbeeren 134
Perlhuhn mit Wirsing 128
siehe auch *Hähnchen*
Gefrorene Schokoladensoufflés 112
Gemüse
Auberginen auf indische Art 222
Auberginen-Tomaten-Gemüse 222
Bauernsalat 224
Gemüsecocktail 218
Gemüseflan mit frischen Kräutern 179
Gurken-Mousse 228
Mangold-Spinat-Gemüse mit Tofu 213
Paprika-Mousse 218
Schupfnudeln mit Möhren à la Dukan 220
Spargel mit Sauce hollandaise 232
Weißkohl mit Ingwer 230
Zucchinitopf 228
Gewürzcreme 96
Goldbrasse mit Zwiebeln 70
Granita: Kaffee-Granita mit Zimt 122
Grissini: Knusprige Grissini 86
Gulasch
Gulaschsuppe à la Dukan 151
Kalbsgulasch mit Paprika und Gemüse 171
Gurke
Gurken-Mousse 228
Kalte Gurkensuppe mit Garnelen 187
Gyros: Würziges Putengyros mit Tsatsiki 34

H
Hackfleisch
Hackfleisch-Blumenkohl-Auflauf 154
Hack-Topinambur-Auflauf 158
Kalbsfrikadellen mit geschmortem Rotkohl 156
Ungarische Hackfleischpfanne 170
Haferkleie
Dukan-Haferkleie-Flakes 106
Dukan-Haferkleiepfannkuchen 84
Hähnchen
Baskisches Hähnchen 130
Hähnchenbrustfilet mit Paprikaschoten 132
Hähnchenbrust mit Zucchini in der Papierhülle 127
Hähnchenkeulen mit Pfifferlingen 136
Hähnchen Marengo 133
Hähnchen mit Champignons 138
Hähnchen mit Zitronengras 27
Hähnchenschnitzel „Tandoori" 32
Hähnchenspieße mit Joghurtsauce 29
Hähnchenspieße mit Senfsauce 28
Hähnchenspieß Tikka 136
Ingwerhähnchen 38
Knusprige Hähnchenflügel 32
Limettenhähnchen in der Salzkruste 30
Provenzalisches Hähnchen 130
Thymianhähnchen 36
siehe auch *Hühnerfrikassee*
Haselnuss-Zimt-Quarkschmarren mit Rhabarberkompott 236
Hering: Rollmops-Häppchen à la Dukan 72
Hühnerfrikassee
Hühnerfrikassee mit Champignons und Spargel 140
Saftiges Hühnerfrikassee 141

J
Jakobsmuscheln
Jakobsmuscheln mit Grillgemüse in pikanter Marinade 208
Jakobsmuscheln mit Sauerampfer 72
Joghurt
Joghurtkuchen 102
Joghurt mit Goji-Beeren 120
Joghurtsorbet 103
Saftiger Zitronen-Joghurt-Kuchen 118

K
Kabeljau
Kabeljaufilet mit Topinambur-Kruste 198
Kabeljau mit Schalotten 64
Kabeljau mit Senfsauce 64
Knusprige Fisch-Nuggets 71
Thailändische Fischplätzchen 76
Kaffeecreme 94
Kaffee-Granita mit Zimt 122
Kaiserschmarren à la Dukan 89
Kakao
Marmorierter Kakao-Vanille-Kuchen 116
Süße Kakao-Maki-Rollen 104
Kalb
Cevapcici à la Dukan 43
Kalbfleischrouladen 164
Kalbsbraten mit feiner Sauce 52
Kalbsfrikadellen mit geschmortem Rotkohl 156
Kalbsgulasch mit Paprika und Gemüse 171
Kalbsleber mit Thymian und Himbeeressig 53
Kalbsschnitzel nach Jägerart 152
Saltimbocca alla romana 44
Wiener Schnitzel à la Dukan 46
Kaninchen
Kaninchen in der Folie 46
Kaninchenragout mit Pilzen 138

Kapernsauce 245
Kardamom-Lassi 124
Käsekuchen à la Dukan ohne Boden 117
Käse-Spinat-Konjak-Nudeln à la Dukan 172
Käse-Wurst-Salat à la Dukan 48
Kokos-Bananen-Quarksoufflés 112
Königsberger Klopse à la Dukan 42
Konjak-Nudeln
Feurige Konjak-Nudel-Muffins 49
Gebratene Garnelen und Konjak-Nudeln mit Pesto à la Dukan 192
Käse-Spinat-Konjak-Nudeln à la Dukan 172
Konjak-Nudeln alla carbonara 44
Kräutersauce 243
Kuchen
Biskuitkuchen 102
Erdbeer-Zitronen-Kuchen 122
Joghurtkuchen 102
Käsekuchen à la Dukan ohne Boden 117
Marmorierter Kakao-Vanille-Kuchen 116
Marmorierter Kirsch-Pistazien-Kuchen mit Goji-Beeren 98
Saftiger Zitronen-Joghurt-Kuchen 118
Zitronenkuchen 100
Zitronentarte 120

L
Lachs
Eier im Töpfchen mit Räucherlachs 57
Friséesalat mit Räucherlachs 194
Lachsgelee 200
Lachs mit Gemüse 206
Lachsrouladen mit Salatherzen 194
Lachssalat mit Fenchel 190
Lachs-Seeteufel-Terrine mit Limette 74
Omelettrouladen mit Räucherlachs 68
Pikante Galette in vier Varianten 81
Rührei mit Räucherlachs 58
Lassi: Kardamom-Lassi 124
Leber
Geflügelebersoufflé 35
Kalbsleber mit Thymian und Himbeeressig 53
Leberkäse: Wraps mit buntem Gemüse und Leberkäse 159
Lyoner Sauce 249

M
Mairübensuppe 216
Mangold-Spinat-Gemüse mit Tofu 213
Matjes mit Fenchel 206
Meeresfrüchte
Amuse-Gueules à la Dukan 190
Chinesisches Fondue 196
Jakobsmuscheln mit Grillgemüse in pikanter Marinade 208
Jakobsmuscheln mit Sauerampfer 72
Miesmuscheln rheinische Art 210
Omelett mit Meeresfrüchten 71
Scampi auf mexikanische Art 204
siehe auch *Garnelen*
Möhren
Möhrenknödel à la Dukan 238
Möhrensuppe mit Fenchel 214
Möhren-Zucchini-Suppe mit Zitrone 216
Mousse
Mousse au Café 111
Mousse au Chocolat 111
Muffins 104
Feurige Konjak-Nudel-Muffins 49
Muscheln siehe Meeresfrüchte

N
Nudeln siehe Konjak-Nudeln
Nuggets: Knusprige Fisch-Nuggets 71
Nuss-Nugat-Quark-Gnocchi mit Zimtcreme 110

O
Omelett
Omelett mit Meeresfrüchten 71
Omelett mit Tofu 59
Omelettrouladen mit Räucherlachs 68

P
Paprika
Hähnchenbrustfilet mit Paprikaschoten 132
Paprika-Mousse 218
Paprikasauce 241
Quark mit Ei und Paprikaschote 178
Rindfleisch mit Paprikaschoten 148
Rindfleisch-Paprika-Spieße mit Tomatensauce 168
Perlhuhn mit Wirsing 128
Pfannkuchen: Dukan-Haferkleiepfannkuchen 84
Pfifferlinge: Hähnchenkeulen mit Pfifferlingen 136
Pilze
Kaninchenragout mit Pilzen 138
siehe auch *Champignons, Pfifferlinge*
Pizza
Scharfe Pizza Diavolo à la Dukan 144
Thunfischpizzas 88
Pudding: Vanillepudding 237
Pute: Würziges Putengyros mit Tsatsiki 34

Q
Quark
Haselnuss-Zimt-Quarkschmarren mit Rhabarberkompott 236
Kokos-Bananen-Quarksoufflés 112
Nuss-Nugat-Quark-Gnocchi mit Zimtcreme 110
Pikante Quark-Galette 84

Quark-Bavaroise mit Vanille 118
Quarkdip 243
Quark mit Ei und Paprikaschote 178
Schinkenröllchen mit Gemüsequark 162
Quiche ohne Boden 59

R
Ragout: Kaninchenragout mit Pilzen 138
Remouladensauce 246
Rind
Bœuf à la ficelle 148
Bœuf bourguignon 160
Cevapcici à la Dukan 43
Fleischbällchen mit Kräutern 50
Hack-Topinambur-Auflauf 158
Herzhafte Rinderroulade à la Dukan 41
Königsberger Klopse à la Dukan 42
Kurz gebratenes Rindfleisch mit Gemüse 163
Rindfleisch asiatisch 54
Rindfleisch mit Paprikaschoten 148
Rindfleisch mit Zucchini 164
Rindfleisch-Paprika-Spieße mit Tomatensauce 168
Schwäbische Rindfleisch-Flädle-Suppe à la Dukan 150
Rochenflügel mit Kräutern 78
Rollmops-Häppchen à la Dukan 72
Rösti: Sellerierösti mit Schinken 230
Rotkohl: Kalbsfrikadellen mit geschmortem Rotkohl 156
Roulade
Herzhafte Rinderroulade à la Dukan 41
Kalbfleischrouladen 164
Lachsrouladen mit Salatherzen 194
Rührei 58
Rührei mit Räucherlachs 58

S
Safransauce 244
Salat
Bauernsalat 224
Blattsalate mit Garnelen 188
Friséesalat mit Räucherlachs 194
Lachsrouladen mit Salatherzen 194
Spinatsalat mit Räucherfisch 188
Saltimbocca alla romana 44
Salzburger Nockerl à la Dukan 60
Sardellen: Omelett mit Sardellen 178
Saté-Spieße 38
Saucen
Béchamelsauce 246
Chinesische Sauce 245
Currysauce 241
Kalbsbraten mit feiner Sauce 52
Kapernsauce 245
Kräutersauce 243
Hähnchenspieße mit Joghurtsauce 29
Hähnchenspieße mit Senfsauce 28
Holländische Sauce 247
Kalte Tomatensauce mit Schalotten 248
Limettensauce mit Schnittlauch 248
Lyoner Sauce 249
Paprikasauce 241
Remouladensauce 246
Safransauce 244
Schalottensauce 242
Senfsauce 249
Spargel mit Sauce hollandaise 232
Spinatsauce 244
Weiße Sauce 247
Zitronensauce 244
Zwiebelsauce 242
Scampi auf mexikanische Art 204
Schalottensauce 242
Schinken
Schinkenröllchen mit Gemüsequark 162
Schinkenröllchen mit Quark 48
Zwiebel-Schinken-Kuchen 180
Schlagsahne 108
Schneeballen mit Fruchtkompott 235
Schnitzel
Hähnchenschnitzel „Tandoori" 32
Kalbsschnitzel nach Jägerart 152
Wiener Schnitzel à la Dukan 46
Schokolade
Gefrorene Schokoladensoufflés 112
Marmorierte Schoko-Vanille-Quarksoufflés à la Dukan 108
Mousse au Chocolat 111
Schokoladencreme 94
Schokoladencreme à la Dukan 114
Schokoladenküchlein 100
Schupfnudeln mit Möhren à la Dukan 220
Schwäbische Rindfleisch-Flädle-Suppe à la Dukan 150
Schwarzteesorbet 103
Seehecht: Gefüllter Seehecht 198
Seelachs
Seelachsfilet auf indische Art 63
Seelachs mit Kapern 78
Seeteufel: Lachs-Seeteufel-Terrine mit Limette 74
Seezunge mit Sauerampfer 65
Sellerierösti mit Schinken 230
Sorbet
Joghurtsorbet 103
Limettensorbet 93
Schwarzteesorbet 103
Soufflé
Geflügelebersoufflé 35
Gefrorene Schokoladensoufflés 112

Marmorierte Schoko-Vanille-Quarksoufflés à la Dukan 108
Spargel
Hühnerfrikassee mit Champignons und Spargel 140
Spargel mit Sauce hollandaise 232
Spieße
Hähnchenspieße mit Joghurtsauce 29
Hähnchenspieße mit Senfsauce 28
Hähnchenspieß Tikka 136
Rindfleisch-Paprika-Spieße mit Tomatensauce 168
Saté-Spieße 38
Spinat
Mangold-Spinat-Gemüse mit Tofu 213
Spinatsalat mit Räucherfisch 188
Spinatsauce 244
Suppe
Blumenkohlsuppe mit Safran 215
Gulaschsuppe à la Dukan 151
Kalte Gurkensuppe mit Garnelen 187
Kalte Tomatensuppe mit Kräutern 214
Mairübensuppe 216
Möhrensuppe mit Fenchel 214
Möhren-Zucchini-Suppe mit Zitrone 216
Schwäbische Rindfleisch-Flädle-Suppe à la Dukan 150
Thunfischsuppe 70
Zucchinicremesuppe mit Frischkäse 215
Süßes
Biskuitkuchen 102
Gewürzcreme 96
Haselnuss-Zimt-Quarkschmarren mit Rhabarberkompott 236
Himmlische Dukan-Waffeln 107
Kaffeecreme 94
Kleine Baisers 124
Limettensorbet 93
Möhrenknödel à la Dukan 238
Mousse au Café 111
Muffins 104
Nuss-Nugat-Quark-Gnocchi mit Zimtcreme 110
Schneeballen mit Fruchtkompott 235
Süße Galette 90
Süße Kakao-Maki-Rollen 104
Vanille-Cookies 106
Vanillecreme 96
Vanillepudding 237
siehe auch *Kuchen, Schokolade*

T
Terrine
Geflügelterrine mit rosa Pfefferbeeren 134
Lachs-Seeteufel-Terrine mit Limette 74
Sommerliche Terrine 142
Thunfisch
Pikante Galette in vier Varianten 81
Thunfischpizzas 88
Thunfisch-Quiche mit Tomaten 190
Thunfischsuppe 70
Tomaten mit Thunfischfüllung 191
Tofu: Mangold-Spinat-Gemüse mit Tofu 213
Tomaten
Auberginen-Tomaten-Gemüse 222
Kalte Tomatensauce mit Schalotten 248
Kalte Tomatensuppe mit Kräutern 214
Tomaten mit Thunfischfüllung 191
Topinambur
Hack-Topinambur-Auflauf 158
Kabeljaufilet mit Topinambur-Kruste 198
Tsatsiki 225

W
Waffeln: Himmlische Dukan-Waffeln 107
Weißkohl mit Ingwer 230
Wiener Schnitzel à la Dukan 46
Wirsing: Perlhuhn mit Wirsing 128
Wolfsbarsch auf indische Art 203
Wraps mit buntem Gemüse und Leberkäse 159
Wurst
Currywurst à la Dukan mit Kürbisfritten 174
Käse-Wurst-Salat à la Dukan 48

Z
Zitronengras: Hähnchen mit Zitronengras 27
Zucchini
Gefüllte Zucchini 147
Hähnchenbrust mit Zucchini in der Papierhülle 127
Möhren-Zucchini-Suppe mit Zitrone 216
Rindfleisch mit Zucchini 164
Zucchinicremesuppe mit Frischkäse 215
Zucchiniplätzchen 177
Zucchinitopf 228
Zwiebelkuchen à la Dukan ohne Boden 184
Zwiebel-Schinken-Kuchen 180

IMPRESSUM

Originaltitel: „Les recettes Dukan“, J’ai lu, 2008

ISBN: 978-3-8338-2825-6

Projektleitung: Eva Dotterweich
Übersetzung: Barbara Holle
Lektorat: Katharina Lisson
Korrektorat: Bernhard Edlmann
Illustrationen: Franziska Misselwitz, Hamburg
Foodfotografie: Bernard Radvaner, Neuilly-sur-Seine
Foodstyling: Motoko Okuno, Paris
Umschlagsgestaltung und Innenlayout:
Sabine Krohberger, ki36 Editorial Design, München
Satz: Nadine Thiel | kreativsatz, Baldham
Druck und Bindung: Firmengruppe Appl, Wemding

Bildnachweis:
Franziska Misselwitz: Illustrationen; Bernard Radvaner: Foodfotos
(Foodfotos aus: Pierre Dukan: L’intégrale des recettes illustrées Dukan pour réussir la méthode: S. 26, 31, 33, 37, 39, 47, 51, 55, 56, 62, 67, 69, 73, 75, 80, 85, 91, 92, 97, 119, 123, 126, 129, 135, 146, 181, 186, 197, 201, 205, 209, 212, 234); Stockfood: S. 4

Ein freundlicher Dank geht an Margarete Steiler für ihre Mithilfe bei der Übersetzung und an Eva Fischer für unermüdliches Kochen und Backen.

Merci à Cathy Schmitt, Ekaterini Kouvari et Laura Zuili de l’équipe Dukan-Diät.

1. Auflage 2012

www.graefeundunzer-verlag.de

GRÄFE UND UNZER

Ein Unternehmen der
GANSKE VERLAGSGRUPPE